SCL

Reihe Philosophische Sphären

Philosophische Schriften

Richard Hörner

Papst Franziskus
gegen den Mythos des Sisyphos?

Kapitalismuskritik im päpstlichen Lehrschreiben
„Evangelii Gaudium" und Lebensperspektive des
Menschen aus Camus „Der Mythos von Sisyphos"

Reihe Philosophische Sphären

Philosophische Schriften

Bibliographische Information Der Deutschen Bibliothek

Die Deutsche Bibliothek verzeichnet diese Publikation in der

Deutschen Nationalbibliografie;

Detaillierte bibliografische Daten sind im Internet über

http://dnd.ddb.de abrufbar

© Richard Hörner. Papst Franziskus gegen den Mythos des

Sisyphos? Kapitalismuskritik im päpstlichen Lehrschreiben „Evangelii Gaudium"

und Lebensperspektive des Menschen aus Camus „Der Mythos von Sisyphos"

Verlag: SCL Scriptline Publishers, Bellheim

Weitere Informationen zum Verlag: http://www.scriptline.de

Satz: ScriptlineArts. Umschlag: ScriptlineArts

Bilder: © ScriptlinePictures, © SG-design – fotolia.com

Druck und Herstellung: ScriptlinePress, Printed in Germany

Erste Auflage 2014

ISBN 978-3-938846-53-7

Meinem lieben Bruder Dieter

Die Philister, die Beschränkten,
Diese geistig Eingeengten,
Darf man nie und nimmer necken.
Aber weite, kluge Herren
Wissen stets in unsren Scherzen
Lieb und Freundschaft zu entdecken.

(Heinrich Heine)

Inhaltsverzeichnis

1. Einleitung

Ein Statement

Der im Jahr 2013 gewählte Papst, der ehemalige Jesuit Jorge Mario Bergoglio SJ und jetzige Papst Franziskus[1], wird von den Deutschen geschätzt: 69 Prozent der gesamten Bevölkerung und 79 Prozent der Katholiken mögen den ersten lateinamerikanischen Papst der Geschichte[2].

Doch wird er bereits nach wenigen Monaten im Amt abschätzig als der „mächtigste Mann einer sehr reichen Organisation" beschrieben, der „über Armut, Ungerechtigkeit und die Wirtschaft im Allgemeinen"[3] in unzulässiger Weise schwadroniere. Das Oberhaupt der katholischen Gemeinschaft identifiziere „angebliche Schuldige"[4]. Auch öffentlich wird zum Ungehorsam aufgerufen, denn: Christen seien

---

[1] eine kurze, aber übersichtliche Darstellung der Person online im Wikipedia-Lexikon: http://de.wikipedia.org/wiki/Franziskus_(Papst)

[2] Renate Köcher. „Die Deutschen mögen den Papst". Frankfurter Allgemeine Zeitung Online, 19.12.2013, unter:
http://www.faz.net/aktuell/politik/inland/allensbach-analyse-die-deutschen-moegen-den-papst-12717379.html

[3] beides bei: Christoph Schäfer. „Was der Papst verschweigt". Frankfurter Allgemeine Zeitung Online, 29.11.2013, unter:
http://www.faz.net/aktuell/wirtschaft/franziskus-und-die-globalisierung-was-der-papst-verschweigt-12687456.html

[4] Christoph Schäfer. „Was der Papst verschweigt". FAZ, a.a.O.

gut beraten, „ihm nicht zu folgen"[5]. Was war geschehen? Mit seinem apostolischen Lehrschreiben „Evangelii Gaudium" tritt der Papst im ersten Jahr als oberster Hirte der katholischen Christenheit als *scheinbarer* Kapitalismuskritiker auf, der den westlichen Ländern *angeblich* die Leviten liest[6]. Franziskus: „Ebenso wie das Gebot ´Du sollst nicht töten' eine deutliche Grenze setzt, um den Wert des menschlichen Lebens zu sichern, müssen wir heute ein ´Nein zu einer Wirtschaft der Ausschließung und der Disparität der Ein-

---

[5] Rüdiger Jungbluth. „Der Papst und die Wirtschaft". ZeitOnline, 20.12.2013 (aus DIE ZEIT Nr. 52/2013), unter: http://www.zeit.de/2013/52/papst-franziskus-kapitalismus-kritik/komplettansicht

[6] vgl. Papst Franziskus. *Die Freude des Evangeliums. Das Apostolische Schreiben „Evangelii gaudium" über die Verkündigung des Evangeliums in der Welt von heute.* Mit einer Einführung von Bernd Hagenkord SJ. Freiburg im Breisgau: Herder, 2013. **Im Text bezeichnet mit: eg;** (Vorbemerkungen in der deutschen Ausgabe des Lehrschreibens des deutschen Jesuiten und Leiter der deutschsprachigen Redaktion von Radio Vatikan), S. 14, Z. 21f: Die *Exhortatio apostolica* (Exhortatio bedeutet lat. „Ermunterung") ist formal kein Rundschreiben, sondern ein offener Brief des Papstes an alle Menschen mit bestimmten Attributen (z.B. „guten Willens") oder an eine bestimmte Gruppe von Gläubigen: Das Schreiben ist eine Ermahnung zum rechten Tun bzw. die Aufforderung zur Buße. Der Papst nimmt hierbei Stellung zu aktuellen theologischen oder gesellschaftlich relevanten Fragen. Es hat eine höhere Bedeutung als beispielsweise apostolische Briefe oder andere päpstliche Schreiben, aber eine niedrigere als eine päpstliche Enzyklika, die als Rundschreiben an die Bischöfe geht und an die gesamte Kirche gerichtet ist

kommen sagen"[7]. Es kulminiert in Sätzen wie „Diese Wirtschaft tötet"[8] oder „Das Geld muss dienen und nicht regieren"[9].

Harsche Reaktionen

Die Reaktionen der Gegner sind harsch: Wochenlanger Aufruhr und auch massive Kritik an einem „Kommunisten Franziskus"[10], insbesondere von Seiten der Wirtschaft und aus konservativen Kreisen. Dessen Behauptung, „während die Einkommen einiger weniger exponentiell" steigen würden, sei „die der Mehrheit immer weiter entfernt vom Wohlstand dieser glücklichen Minderheit", greife zu kurz, denn: Die Zahl der sehr armen Menschen sei, „einer aktuellen Studie der Weltbank zufolge[,] in den vergangenen drei Jahrzehnten um mehr als 700 Millionen Menschen auf 1,2 Milliarden gesunken"[11]. Zugleich wird der Weltbank-Präsident Jim Yong Kim zitiert, der scheinbar glücklich betont, dass die Erwartungen der Institution um fünf Jahre übertroffen worden seien bei dem „Millenniumsziel, die Zahl der Menschen, die von weniger als 1,25 Dollar am Tag leben müssen, bis 2015 zu halbieren". So geht es flott weiter:

---

[7] eg, S.95, Z.5ff

[8] eg, S.95, Z.9

[9] eg, S.100, Z.6f

[10] vgl. seine Reaktionen, bspw. v. April 2014 bei einem Gespräch mit Jugendlichen laut Radio Vatikan, vgl. unter: http://www.kath.net/news/45513

[11] vgl. diese Zitate bei: Christoph Schäfer. „Was der Papst verschweigt". FAZ, a.a.O.

Auch die anklingende Globalisierungskritik und die Aussage des Papstes, wonach „die soziale Ungleichheit immer klarer zu Tage" trete, sei zu hinterfragen: Die Frankfurter Allgemeine Zeitung (FAZ) zitiert ausgiebig eine Studie „Wie ungleich ist die Welt?" eines Volkswirtes der Universität Würzburg und konstatiert: Im Gegensatz zu den Thesen des Papstes habe „im neuen Jahrtausend die Ungleichheit deutlich abgenommen". Die Globalisierung und der Rückgang der Ungleichheit gingen Hand in Hand. Leistungsgerechte Entlohnung sei der wesentliche Antrieb für Wohlstand und mache Sozialsysteme erst bezahlbar, weshalb die These des Franziskus, dass die Ungleichheit der Einkommen die Wurzel der sozialen Übel sei, sich als falsch herausstelle.[12]

Bei einer Privataudienz des US-Präsidenten Barak Obama im März 2014 betonte dieser demgegenüber, dass dies ein Papst sei, der Politikern die Augen öffnen würde und der das „zunehmend wichtige Problem der abnehmenden Möglichkeiten für immer mehr Menschen" sowie einer Wahrnehmung des Ausschlusses aus gesellschaftlichen Entwicklungen, vor allem durch junge Menschen, ins Zentrum der Aufmerksamkeit lenken würde.[13]

---

[12] vgl. alle direkten und indirekten Zitate des Absatzes aus: Christoph Schäfer. „Was der Papst verschweigt". FAZ, a.a.O.

[13] vgl. direktes und indirektes Zitat aus einem Beitrag „Präsident Obama: Ein Papst, der Politikern die Augen öffnet" des Radio Vatikan v. 27.03.2014, unter:

Weshalb reagieren Vertreter der westlichen Medien und des Kapitalismus mit solch harschen Äußerungen an eigentlich selbstverständlichen Äußerungen, die einem aufgeklärten, sozial orientierten und an einer lebenswerten Zukunft denkenden Bürger – egal welcher politischer Couleur – zu eigen sein sollten. Wo liegt die Ursache der aggressiven Konfrontation vor allem von Teilen der Vertreter kapitalistischer Argumentationen, den neuen Papst durch die Zuweisung in sozialistische oder kommunistische Ecken schnellstmöglich zu diskreditieren und herabzuwürdigen.

Missverständnisse und Haltungsethik

Könnte es an einem *Missverständnis* liegen, dem die Menschen im Kapitalismus unterliegen und das dem System gerade recht scheint? Ein wirtschaftliches System sollte alle Menschen, in dem dieses System wirkt, einschließen. Und eine Ungleichheit der Einkommen bei gleichzeitiger Unfähigkeit der Bezieher niedriger Einkommen, das eigene Leben alleinverantwortlich gestalten zu können, deutet auf eine Disharmonie, auf irgendwelche Fehler innerhalb der Mechanik dieses Wirtschaftssystems hin. Der Papst, der geistige Führer von mehr als 1,2 Milliarden Menschen[14], dessen Handeln auf einer

---

http://de.radiovaticana.va/news/2014/03/28/pr%C3%A4sident_obama:_ein_papst,_der_politikern_die_augen_%C3%B6ffnet/ted-785543

[14] vgl. Zahl aus Päpstlichem Jahrbuch 2013, z.B. unter: http://kath.net/news/41275, die Zahl gilt für 2011.

christlichen Ethik basiert, sollte dies unproblematisch äußern können, es sollte eine Selbstverständlichkeit sein. Zumal der Text ja ein
Schreiben ist, dass an alle Getauften gerichtet ist, also an seine geistliche Herde, sein ureigenes Publikum.[15]

Könnte es also an dem *Missverständnis liegen, dass jeder mögliche Anschein von gemeinschaftsschädigenden Auswirkungen kapitalistischer
Systeme vermieden* werden soll, in der Folge systemzersetzend sein
könnten und daher Kritiker des Kapitalismus seitens der Verteidiger
dieses Systems bekämpft werden müssen? Das wäre absurd und würde ein in sich perfektes System ohne negative Symptomatik postulie-
ren und wäre auch vor dem Hintergrund zahlreicher Finanz- und
Wirtschaftskrisen samt sozialer Verwerfungen nicht erst seit 2008,
die durch die staatliche Institution „Wohlfahrtsstaat" aufgefangen
und geheilt werden mussten, mehr als unglaubwürdig. Der Kapitalismus und der Wohlfahrtsstaat gehen immerhin Hand in Hand.

Oder liegt es doch, tiefer liegend, an einem *Missverständnis einer Art
Haltungsethik oder ideologisierten Ethik des Menschen in kapitalistischen
Systemen,* die als Allgemeingut propagiert und als von vielen Men-

---

[15] vgl. Beitrag „Papstschreiben Evangelii Gaudium: Eine Zusammenfassung" bei
Radio Vatikan, unter:
http://de.radiovaticana.va/news/2013/11/26/papstschreiben_evangelii_gaudium:_ein
e_zusammenfassung/ted-750010

schen selbstverständlich erachtet und unhinterfragt übernommen wird? *Ethik* ist die Lehre vom menschlichen Handeln, und zwar vom richtigen oder falschen menschlichen Handeln. Zugegebenermaßen eine komplexe und äußerst mühselige Aufgabe, der sich nur noch wenige Menschen stellen, oder für deren Beschäftigung schlicht die Zeit zwischen Arbeitsleben und Freizeitvergnügen fehlt. Eine *Haltungsethik* oder *ideologisierte Ethik* übergeht die Fragen nach einer Perspektive, aus der man sich mit „falsch" und „gut" auseinandersetzt, oder sie hat diese Fragen bereits für sich beantwortet. Sie verwirft Beschäftigungen darüber, welche Blickrichtung das eigene Denken und Tun einnehmen sollte oder könnte, oder sie hat diese Beschäftigungen bereits für sich abgehandelt. *Haltungsethik ist quasi ein vorgefertigtes oder fertiggestelltes Perspektiven- und Handlungskonstrukt für den einzelnen Menschen und Bürger,* welches nun von dem jeweiligen Betrachter angenommen oder verworfen werden kann, welches kapitalistisch orientierte oder kommunistische oder autokratische Systeme jeweils spezifisch entwickeln, präsentieren und bewerben können. Und welches den charmanten Vorteil hat, dass all die Überlegungen ethischer Art von gut und schlecht, von böse und richtig, dass all die Dimensionen von „Folgen meines Handelns" und all die Hinterfragungen von „bin ich auf einem richtigen Wege?" und „hält die Perspektive, was sie verspricht?" elegant beiseite geschoben werden können – und zwar durch den Annehmenden, dem diese ganze lästige Prozedur erspart scheint. Quasi eine ideologisierte „Instant-Packung Ethik".

Eine Haltungsethik entwickelt sich in ihrem Kern nicht täglich aufs Neue und will sich nicht an der Realität beweisen und formen, und der grundsätzliche Boden, von dem aus man handelt, und die grundsätzlichen Blickrichtungen, durch die man Inspiration und Eingebung erhält, sind fix und starr, quasi vorgefertigt oder bereits abgehandelt.

Würde man eine solche Haltungsethik hinterfragen, so betriebe man Ethik als deren Vorstufe. Kurzum: Der Kapitalismus präsentiert und vertritt als handelndes System bereits wie jede andere politische oder wirtschaftliche Mechanik eine solche Haltungsethik, die als Notwendigkeit *den bereits konstruierten Ausgangsgrund aus Perspektive bzw. Blickwinkel* aufweist, da ansonsten ein grenzenloser Anarchismus vorherrschen würde und strukturierte Handlungen, an denen sich alle z.B. im Staatswesen auf Basis eines Grundrechts halten müssen, unmöglich wären. Anders formuliert: Man kann ein System wie den Kapitalismus zwar ständig neu in seinen Nuancen formen, aber in seinen grundsätzlichen Ausrichtungen, Positionen und Perspektiven nicht jeden Tag aufs Neue erfinden. Oder, nochmal anders: Es gibt Spielregeln, die im Hintergrund ständig und unentwegt – quasi wie ein Rauschen – den Gang der Dinge begleiten, die sich mit den Zeiten ausgeformt haben und deren Sinn und Unsinn nicht ständig von jedem möglichen Individuum in dessen täglichem Handeln hinterfragt werden. Ein Hinterfragen von einer Mehrheit der beteiligten Individuen und dann Gruppen einer solchen Haltungsethik wäre – Revolution.

Menschliches Spannungsverhältnis und illusionäre Lebensperspektiven

Vor dieser Ausgangslage kann Camus´ Forderung nach einem Menschen ins Zentrum der Überlegung rücken, der sein Leben und das darin auftauchende Spannungsverhältnis zwischen „Sinn des Lebens" und „Sinnlosigkeit des eigenen Tuns" permanent (oder gelegentlich) reflektiert, der dieses Leben annehmen und sich dadurch individuelle Freiheit(en) sichern sollte, *als Grundausdruck einer grundlegenden Haltungsethik im Kapitalismus* begriffen werden, welche *illusionäre Lebensperspektiven eines idealen Bürgers innerhalb einer Konsumwirtschaft kapitalistischer Ausprägung anstrebt.* Illusionär, da die Hoffnung auf individuelle Freiheit eben nicht erreicht und das postulierte Spannungsverhältnis eben nicht hinwegsublimiert werden können.

Franziskus´ Aussagen in seinem Lehrschreiben gehen nicht gegen dieses oder jene Detail einer falschen Ausprägung in dem ein oder anderen Land vor, sondern gegen jene *Lebensperspektiven*, die aus der vorherrschenden *Haltungsethik* entstehen, die die Grundlagen eines Wirtschaftssystems unterstützen, das auf Ausbeutung der meisten

Menschen, auf Konsumgier und eine Sinnlosigkeit menschlicher Lebensperspektiven bei scheinbar individueller Freiheit des Einzelnen setzt. *Dies* wäre dann die ostentative Kritik des neuen Papstes Franziskus: Nicht an einem Kapitalismus, sondern an einer Haltungsethik, die sich im Laufe der Geschichte für den Kapitalismus als nützlich herausgestellt hat und von den meisten Menschen unkritisch übernommen und als Selbstverständlichkeit angesehen wird. Oder verstehen wir den Papst etwa falsch?

Päpstliches Lehrschreiben

Beim Text handelt es sich um ein apostolisches Lehrschreiben[16]. Er ist in Sprache und Stil sehr persönlich gehalten[17] und in „emotionalen sprachlichen Bildern und fast lyrischen Metaphern"[18] geschrieben, verzichtet aber mehr als in kirchlichen Dokumenten üblich auf Bibelzitate.[19]

Wie der deutsche Jesuit und Leiter der deutschsprachigen Redaktion des Vatikan in seinem Vorwort der deutschen Ausgabe betont, greift der Text auf ein Abschlussdokument der Versammlung der latein-

---

[16] eg, S.14, Z.21ff

[17] vgl. eg, S.20, Z.15f

[18] Richard Schütze. „Heiliger Karl". The European Magazine, 16.12.2013, unter: http://www.theeuropean.de/richard-schuetze/7750-kapitalismuskritik-von-papst-franziskus--4

[19] vgl. eg, S.19f, Z.24ff

amerikanischen Bischöfe von 2007 zurück, dessen Aussagen Papst Franziskus sehr am Herzen liegen sollen[20]: Im Jahr 2007 besuchte Papst Benedikt XVI. den bedeutenden Wallfahrtsort Aparecida, Brasilien. Im Anschluss an den Papstbesuch fand vom 13. bis 31. Mai 2007 in Aparecida die V. Generalversammlung des lateinamerikanischen Episkopates statt. Die Extraktion der interessanten Verknüpfungen und Ansatzpunkte beider (und noch anderer Dokumente) ist sicherlich eine spannende Herausforderung, aber thematisch eine andere Aufgabe als die hier vorliegende. Wichtig erscheint die mit den Verbindungslinien mehrerer Texte verknüpfte These, dass Papst Franziskus „offensichtlich Wert auf das Hören der Ortskirchen"[21] legen würde.[22]

Des Weiteren ist das Schreiben im Anschluss an eine Bischofssynode entstanden, die im Oktober 2012 im Vatikan getagt hat und sich mit Fragen der Neuevangelisierung auseinandergesetzt hat.[23] Es ist die Frage darüber, wie der Glaube weitergegeben werden soll[24]: Wichtig

---

[20] vgl. eg, S.18, Z.1ff

[21] Vorwort, eg, S. 19, Z. 13f

[22] das Abschlussdokument kann hier erworben werden: http://www.dbk-shop.de/de/Deutsche-Bischofskonferenz/Stimmen-der-Weltkirche/Aparecida-2007-.html

[23] vgl. nicht erst seit 2007

[24] in schöner Zusammenfassung bei Radio Vatikan v. 27.10.2012, unter: http://de.radiovaticana.va/storico/2012/10/27/die_58_propositionen:_eine_zusamm enfassung/ted-633517

sei eine auf „Jesus Christus ausgerichtete Mission, in den Einsatz für die Armen"[25], wie der Papst im Lehrschreiben betont. Dabei geht das Oberhaupt der katholischen Christen aber weiter, wie er selbst anmerkt, d.h. das Schreiben sei nicht nur auf diese Synode bezogen, sondern auch programmatisch breiter gehalten.[26]

Nachfolgend soll in dieser *beginnenden Betrachtung* – beginnend, da sie nur den zentralen Aspekt des gesamten Problemfeldes aufgreifen kann – gefragt werden, wie der *Kerninhalt einer grundlegenden Haltungsethik in kapitalistisch orientierten Systemen aufzufassen* ist und welche *Lebensperspektive* sich daraus entwickelt, wobei hier Camus „Mythos von Sisyphos" einen orientierenden Hinweis geben kann. Es folgt die *Extraktion des Textes des päpstlichen Lehrschreibens* auf mögliche kapitalismuskritische Passagen hin, wobei auch diese Exzerpte herangenommen und *auf deren kritisches Potential* vor dem Hintergrund einer üblichen Kapitalismuskritik und vor dem Hintergrund einer Kritik der Handlungsethik im Kapitalismus hin gedeutet werden.

Die Extraktionen der Aussagen des Lehrschreibens erfolgen auf Basis des in deutscher Sprache im Herder Verlag veröffentlichten und

---

[25] eg, S.137, Z.12ff

[26] vgl. Franziskus´ Ausführungen unter: eg, S.59ff, S.10ff

mit einer Einführung von Bern Hagenkord SJ begleiteten Original-
textes.[27]

Eine kurze Vorbemerkung sei erlaubt: Haltungsethik besteht aus
einer Fülle und Vielzahl an unterschiedlichen Aspekten und Be-
standteilen. Der durch Camus aufgeworfene mögliche Kerninhalt
einer grundlegenden Haltungsethik in kapitalistisch orientierten
Systemen leuchtet dabei wie ein Hintergrundrauschen auf, die Haltungsethik besteht aber nicht nur aus diesem alleinigen Grundausdruck. Ebenso sind die Aspekte der Globalisierung und deren Kritiken oder die zahlreichen Ansätze der Befreiungstheologie so viel-
schichtig und komplex, durch verschiedenartige Einflüsse und Perspektiven geprägt und im Wandel – weshalb diese zahlreichen Nuancen und das noch so kleine Pro und Wider nicht Gegenstand dieser Betrachtung sein können, weil dadurch letztlich das Hauptaugenmerk des vorliegenden Büchleins in den Hintergrund treten würde. Der rote Faden der Betrachtung ist entscheidend, Kritik möge
daher gerne niederprasseln, was im Sinne einer fruchtbaren Diskus-
sion förderlich und fruchtbar wäre und von dem Autor ausdrücklich
erwünscht ist.

---

[27] es gibt auf der Seite des Vatikans auch online den Text unter:
http://w2.vatican.va/content/francesco/de/apost_exhortations/documents/papa-
francesco_esortazione-ap_20131124_evangelii-gaudium.html

2. Kapitalismuskritik

Kapitalismus und seine Tendenzen

Der Kapitalismus ist, zumindest im Bewusstsein der meisten Menschen, die derzeit vorherrschende Wirtschafts- und Gesellschaftsordnung. Dieser ist aus der Marktwirtschaft entstanden. Kapitalismus ist letztlich eine Form der Marktwirtschaft mit Privateigentum an Produktionsmitteln, die allerdings sehr komplexe Formen annehmen kann. Die Begriffe Marktwirtschaft und Kapitalismus werden manchmal synonym verwendet, manchmal unterschieden – im vorliegenden Fall aber gleichwertig, wobei der Begriff Kapitalismus dahingehend verwendet wird, dass dieser eine ungewöhnliche Ausprägung des marktwirtschaftlichen Ansatzes darstellt, der Finanzmarktspekulationen begünstigt. „[D]er Begriff des Kapitals selbst [kann als eine...] fetischistische[n] gesellschaftliche[n] Beziehungsform"[28] angesehen werden.

Seit dem Zusammenbruch der sozialistischen Gegenposition ab 1990 orientieren sich immer mehr Länder der Welt an den Regeln der westlichen Welt, die zunehmend dem kapitalistischen System zuge-

---

[28] Robert Kurz (Hg.). Marx lesen! Die wichtigsten Texte von Karl Marx für das 21. Jahrhundert. Hrsg. und kommentiert von Robert Kurz. Frankfurt am Main: Eichborn Verlag, 2006, S.12, Z.15f

ordnet werden können.[29] Wie viele Länder eine freie Marktwirtschaft haben und in welchem Grad ist aber schwierig zu bewerten[30].
Prägende offizielle Merkmale sind die Versuche, Menschen zum
Privateigentum an Produktionsmitteln zu animieren und mehr oder
minder freie Marktkräfte sowohl die Produktion als auch den Konsum steuern zu lassen. Es gibt „elementare kapitalistische Kategorien
[in Form von Grundkategorien moderner kapitalistischer Vergesell-
schaftung verstanden...]: Die Abstraktion ´Arbeit´, der ökonomische
´Wert´, die gesellschaftliche Darstellung der Produkte als ´Waren´,
die allgemeine Geldform, die Vermittlung durch ´Märkte´, die Zusammenfassung dieser Märkte in ´Nationalökonomien´ mit bestimmten Geldeinheiten (Währungen), die ´Arbeitsmärkte´ als Voraussetzung einer derart flächendeckenden Waren-, Geld- und
Marktwirtschaft, der Staat als ´abstraktes Gemeinwesen´, die Form
des abstrakt-allgemeinen ´Rechts´ [...], die ausentwickelte, reine

---

[29] eine interessante Liste von „sozialistischen Staaten" und deren Bestehen bzw.
Verschwinden in der Weltgeschichte bspw. unter:
http://de.wikipedia.org/wiki/Liste_sozialistischer_Staaten

[30] ein interessanter Artikel darüber bspw. von: Ronald Clapham. „Entwicklungsländer und Soziale Marktwirtschaft", im „Lexikon der Sozialen Marktwirtschaft", hg.
von Hasse/Schneider/Weigelt, lesbar bei der Konrad-Adenauer-Stiftung unter:
http://www.kas.de/wf/de/71.11450 ; ebenso: Eine interessante Auflistung der Länder, in denen ein „Grad wirtschaftlicher Freiheit" im Sinne des Kapitalismus vorherrscht, wird durch den „Index of Economic Freedom" der amerikanischen Heritage Foundation präsentiert, vgl. unter: http://www.heritage.org/index/heatmap

Staatsform der ´Demokratie´, die irrationale, kulturell-symbolische Verkleidung der nationalökonomisch-staatlichen Kohärenz als ´Nation´"[31].

Es kulminiert in der Idee, dass jedem Menschen die Möglichkeit gegeben ist, über seine persönlichen materiellen Verhältnisse selbst zu bestimmen und – gesellschaftlich betrachtet – zu Wohlstand und Reichtum zu gelangen. Übrigens wird dies von Papst Franziskus – um dessen Aussagen es hier ja geht – auch an mehreren Stellen in seinem Lehrschreiben so angesehen. Er spricht von einer historischen Wende, die die Menschheit momentan erleben würde[32], von Regeln des Stärkeren zuungunsten des Schwächeren und einen fortwährenden Konkurrenzkampf untereinander[33] oder davon, dass der Mensch wie im Kapitalismus üblich nur als Konsumgut betrachtet wird[34].

Der Kapitalismus ist auf die Akzeptanz dessen angewiesen, was wir Recht nennen: Nur, wenn alle Teilnehmer entweder die Spielregeln des Marktes befolgen oder zu deren Einhaltung gezwungen werden können – Stichworte sind hier liberale Gesetzgebung, Institutionen

---

[31] Robert Kurz (Hrsg.). Marx...a.a.O., 2006, S.26, Z.14ff
[32] eg, S.94, Z.4f
[33] vgl. eg, S95, Z.16ff
[34] vgl. eg, S.95, Z.22ff

wie die Weltbank, gemeinsamer Wertekanon –, ist es möglich, die im Kapitalismus notwendigen Kräfte wie „Streben nach Wachstum", „Aufrechterhaltung des Konsums" oder „Akzeptanz notwendiger Verhältnisse" aufrecht zu erhalten. Es offenbart sich als eine „Form des abstrakt-allgemeinen ´Rechts´ (der juristischen Kodifizierung) aller persönlichen und sozialen Beziehungen und als Form der gesellschaftlichen Subjektivität"[35].

Denn nur über die Aufrechterhaltung einer Illusion darüber, dass potentiell jeder Mensch in der Lage wäre, von der untersten gesellschaftlichen Leiter bis an die Spitze alleine durch seine individuellen Fähigkeiten gelangen zu können, bleibt die fragile Mechanik des Kapitalismus erhalten, in dem Wenige, d.h. das reichste Prozent der gesamten Weltbevölkerung, mehr als 40 Prozent des Vermögens[36] besitzen können, ohne dass sich die Mehrheit darüber beschwert[37]. Natürlich kann das Recht auch einfach nur durch Machtsysteme durchgesetzt werden, die undemokratisch sind, wobei dann allerdings notwendige Illusionsmuster – Stichwort: der Mensch als Kon-

---

[35] Robert Kurz (Hrsg.). Marx…a.a.O., 2006, S.26, Z.22ff

[36] vgl. Lexikoneintrag bei:
http://de.wikipedia.org/wiki/Verm%C3%B6gensverteilung

[37] da die Verhältnisse durch mehr oder minder freie Wahlen ja immer aufs Neue bestätigt und dadurch legitimiert werden; die Vermögensverteilungen in einzelnen Ländern schwankt erheblich

sument, der selbstbestimmt nach Wohlstand strebt – verloren gehen können.

Flankierende Mechanismen wie Mediensysteme (mit immer weniger Vielfalt[38]) und Illusionssysteme (beispielsweise die Film- und Fernsehwelt als Ausdruck einer imaginierten Scheinwelt; Glücksspiel als Exit-Option zur Flucht aus Armut; Bildung als vermeintlicher Glücksbringer[39]), haben hierbei auf Bevölkerungen eine kalmierende Wirkung, wobei religiöse Druck- und Angstsysteme seit der Aufklärung immer mehr in den Hintergrund getreten sind. Sowohl die Durchsetzung der Akzeptanz des Rechts als rahmengebende Macht wie auch die Medien- und Illusionssysteme benötigen in der Vorstellung der Menschen mehr oder weniger demokratische Bedingungen und eine Meinungsfreiheit, die durch Geld und Einfluss aufrecht erhalten bleiben kann.

Dass kapitalistische Ansätze auch in autokratischen Systemen wie jenen in China gedeihen können und nicht auf demokratische Legi-

---

[38] bspw. vgl. hierzu: Interview mit Christian Mihr, Geschäftsführer von „Reporter ohne Grenzen Deutschland", mit dem „Arte Journal", lesbar unter: http://www.arte.tv/de/abnehmende-medienvielfalt-und-steigender-einfluss-von-pr-inhalten/7488800,CmC=7489550.html

[39] vgl. hierzu: Richard Hörner. „Bildung als vermeintlicher Glücksbringer". Der Freitag online, 07.06.2013, lesbar unter: http://www.freitag.de/autoren/richardhoerner/bildung-als-vermeintlicher-gluecksbringer

timationsmechanismen angewiesen sind, sei hier nur am Rande erwähnt. Wichtiger erscheint eher der Aspekt, dass bestimmte Spielregeln eingehalten und deren Durchsetzung überwacht werden müssen
– demokratisch oder nicht[40].

Der Kapitalismus wird auch so beschrieben: Als ein gesellschaftliches
System, welches zynisch sei und „von geradezu unverschämten Ver-
haltenszumutungen an die Menschen [strotze und...] zusammen mit
einem obszönen und geschmacklosen Reichtum derartige Massen-
armut [erzeuge und...] in seiner blindwütigen Dynamik von solch
unerhörten Katastrophenpotenzen gezeichnet [sei], da[ss] seine
schiere Weiterexistenz unvermeidlich stets von neuem Motive und
Gedanken radikaler Kritik hervortreiben"[41] müsse.

Die wesentlichen Punkte der Kapitalismuskritik

So lange es den Kapitalismus in seiner historischen Erscheinung
gibt, treten naturgemäß immer wieder Kritiker ans Licht, die bestimmte Symptome oder Auswirkungen kritisieren oder in Frage
stellen, die aus Mechanismen entstehen, die wir kapitalistischen Prozessen zuordnen. Es ist nicht Aufgabe dieser Betrachtung, die einzelnen Theorien und Kritiken auf ihre Substanz und innere Logik

---

[40] Demokratie kann auch als elementare kapitalistische Kategorie angesehen werden,
vgl. Robert Kurz (Hrsg.). Marx...a.a.O., 2006, S.26, Z.14ff
[41] Robert Kurz (Hrsg.). Marx...a.a.O., 2006, S.15, Z.7ff

hin zu untersuchen, es geht hier um die Zusammenstellung einer sicherlich nicht fertigen substanziellen Liste, die man als Hauptpunkte einer Art Kapitalismuskritik herausgreifen kann und die nicht auf bestimmte Eigenarten einiger Länder oder Gesellschaften beschränkt sind. Darüber hinaus scheint es auch müßig darüber zu debattieren, ob bestimmte Wirtschaftsmechanismen bereits in der Antike Bestand hatten oder wie gewisse Strukturen entstanden sind oder sich verändert haben – entscheidend ist das *Hier und Jetzt* und die Auffassung darüber, was die Kapitalismuskritik üblicherweise, sozusagen im Tagesgeschäft des gegenwärtigen Lebens, präsentiert.

a. Es gibt seit den 90er Jahren des letzten Jahrhunderts einen zunehmenden „expandierenden Kasinokapitalismus [als eine Art...] virtuelle Wertschöpfung der von jeder realökonomischen Basis entkoppelten Finanzblasen[wirtschaft]"[42]. Konkret bedeutet dies, dass Finanzmarktspekulationen und Erträge daraus eher im Vordergrund stehen als konkrete Fabrikproduktion oder reale Dienstleistungen und daraus erzielte Gewinne – beispielsweise entspricht das Volumen des Handels von nicht regulierten Finanzprodukten wie OTC-Derivaten 2011 laut des Instituts der Deutschen Wirtschaft Köln knapp dem Zehnfachen der gesamten globalen Wirt-

---

[42] Robert Kurz (Hrsg.). Marx...a.a.O., 2006, S.8, Z.4ff

schaftsleistung eines Jahres[43]. Das Problem dabei ist: Gewinne daraus kommen nur einem kleinen Kreis an „Playern" zugute, Verluste können aber bestimmte Finanzmarktteilnehmer und Banken derart in Bedrängnis bringen, dass dies wiederum auf die Realwirtschaft und Staatsfinanzen so negative Auswirkungen hat, dass Menschen konkret darunter zu leiden habe (als Beispiel sei hier die Weltwirtschaftskrise ab 2008 genannt).

b. Alle (Lebens-) Bereiche der Gesellschaft sind ökonomisiert und werden unter Effizienz-, Wettbewerbs- oder Konkurrenzgesichtspunkten betrachtet und dahingehend, ob etwas gekauft oder verkauft werden kann.[44] Selbst Bereiche wie Liebe, Sport, Religion oder Kunst werden auf Basis dieser kapitalistischen Diktatur erfasst mit dem Resultat: Keine an-

---

[43] vgl. Artikel „708.000.000.000.000 Dollar" beim „Institut der deutschen Wirtschaft Köln e.V.", online lesbar unter:
http://www.iwkoeln.de/de/infodienste/iwd/archiv/beitrag/finanzmarkt-708-000-000-000-000-dollar-82650
[44] vgl. Robert Kurz (Hrsg.). Marx...a.a.O., 2006, S.9, Z.9ff; die *Frankfurter Schule* und hier Theodor W. Adorno und Max Horkheimer haben eine solche Entwicklung auf verschiedene Lebensbereiche untersucht, was z.B. zu Studien über Kulturindustrien geführt hat

deren Götter werden neben sich geduldet![45] Dies führt im Ergebnis zu einer „Totalauslieferung der Menschen an blinde Marktprozesse"[46]. Jeder Lebensbereich ist der Gewinnmaximierung unterworfen. Profit ist das entscheidende Kriterium jeglicher Tätigkeit, d.h. Glück, Verwirklichung, Friede oder ähnliches sind irrelevant. Sich daraus entwickelnde Schlagworte sind Turbokapitalismus, Killerkapitalismus, Raubtierkapitalismus oder Heuschreckenkapitalismus. So wird der Turbokapitalismus als „rücksichtsloser, unverhüllt ausschließlich auf Profitmaximierung ausgerichteter Kapitalismus" beschrieben.[47]

Andere Wissenschaften, die eine Gesellschaft weiter- oder fortentwickeln helfen, wurden und werden durch die „Volkswirtschaftslehre" zu „bloßen Hilfswissenschaften" degradiert, zu „theoretischen Hilfspolizisten der Volkswirtschaftslehre"[48]. Dies geschieht dadurch, dass nicht mehr nach den hinter den Dingen liegenden Gründen geforscht

---

[45] vgl. diesen Gedanken nach Robert Kurz (Hrsg.). Marx…a.a.O., 2006, S.42, Z.26ff

[46] Robert Kurz (Hrsg.). Marx…a.a.O., 2006, S.44, Z.32f

[47] vgl. Definition bei Duden-Online, unter „Turbokapitalismus", lesbar hier: http://www.duden.de/suchen/dudenonline/Profitmaximierung

[48] Zitate bei Robert Kurz (Hrsg.). Marx…a.a.O., 2006, S.43, Z.20ff

und gefragt wird, sondern „kapitalistische Kategorien von Arbeit, Wert, Ware, Geld, Markt, Staat, Politik usw. nicht als Gegenstand, sondern als blinde Voraussetzung [...eines] ´wissenschaftlichen´ Räsonnements"[49] herangenommen werden.[50]

c. Der Kapitalismus führt zu einer „Art von säkularisiertem Dämonenglauben, der sich in den handgreiflich gewordenen Abstraktionen des warenproduzierenden Systems, seiner Krisen, Absurditäten und destruktiven Resultaten[n] für Mensch und Natur manifestiert"[51]. Die eigene Gesellschaftlichkeit trete dem Menschen „als fremde und äußere Macht gegenüber"[52] aufgrund einer „Verselbständigung der sogenannten Ökonomie, der Fetischisierung von Arbeit, Ware und Geld"[53]. Sprich: Der Mensch fühlt sich von fremden, unbekannten Mächten gelenkt, die er nicht sieht, die er

---

[49] Robert Kurz (Hrsg.). Marx...a.a.O., 2006, S.43, Z.24ff

[50] auch wenn es Kurz [in: Robert Kurz (Hrsg.). Marx...a.a.O., 2006] bei dieser Aussage natürlich um eine Betrachtung des Kapitalismus geht durch andere verschiedene Wissenschaften, so kann durchaus konstatiert werden, dass eine kapitalistische Logik nach geldwerter Verwertbarkeit selbst Naturwissenschaften erfasst hat, betrachtet man sich nur die Genforschung oder Physik

[51] Robert Kurz (Hrsg.). Marx...a.a.O., 2006, S.45, Z.9ff

[52] Robert Kurz (Hrsg.). Marx...a.a.O., 2006, S.45, Z.14f

[53] Robert Kurz (Hrsg.). Marx...a.a.O., 2006, S.45, Z.13f

nicht versteht und deren Auswirkungen er nicht zu beeinflussen glaubt – von denen ihm aber gesagt wird, dass er Teil
davon ist und die sein eigenes Leben massiv beeinflussen.

Eine Folge der durchökonomisierten Gesellschaften sind
„entsicherte Beziehung[en] zum anonymen, virtualisierten
Verwertungsproze[ss] des universellen Geldkapitals"[54],
sprich: Der Mensch ist dem Kapital ausgeliefert. Eine nicht
greifbare Macht lenkt und beeinflusst quasi den Menschen.

Hinzu kommt, dass der Kapitalismus durch bestimmte Pro-
duktionsverfahren wie Fließbandfertigung eine Art Entfremdung des Arbeiters von dem, was er produziert, fördert.
D.h. der Lohnarbeiter fertigt nur Bruchteile eines Produktes
und erkennt seinen eigenen Anteil am wertschöpfenden Prozess nicht, er identifiziert sich nicht mehr mit dem, was er
macht und sein Tun kommt ihm sinnlos vor.

d. Kapitalistische Prozesse fördern einen „Individualisierungsprozess" innerhalb von menschlichen Gemeinschaften: Eine
„Vereinzelung des Menschen"[55] tritt in Erscheinung, es tre-

---

[54] Robert Kurz (Hrsg.). Marx…a.a.O., 2006, S.8, Z.31f
[55] Robert Kurz (Hrsg.). Marx…a.a.O., 2006, S.8, Z.24

ten „gesellschaftliche[n] Ich-Atome"[56] auf, die als „Selbst-
verwalter ihres je einzelnen Humankapitals, als
ʹUnternehmer ihrer Arbeitskraftʹ, als ʹSelbstunternehmerʹ
und gar ʹLebensunternehmerʹ"[57] agieren.

Haltungen, die den Menschen im Arbeitsleben verständlich
erscheinen und bei denen es auf Effizienz, auf Zielorientie-
rung, auf Zeitersparnis oder auf das Suchen und Finden des
persönlichen Glücks auf Basis individueller Arbeitsleistun-
gen ankommt, werden immer mehr auch auf weitere Lebensbereiche ausgeweitet: Die Logik, nach der jeder der
Schmied seines eigenen Glücks ist und nach der sich das Individuum selbst um sich kümmern, es nach seinen eigenen
Bedürfnissen und Handlungsmustern Leben sollte, überträgt
sich immer mehr in Lebensbereiche wie die Familie, wie die
Freizeit und beeinflusst Strukturen des Wohlfahrtsstaates,
die durch reziproke Solidaritätsmuster geprägt sind. Auch
gelten alte Werte wie Würde oder Ehre nicht mehr, da diese
innerhalb der kapitalistischen Vernunft keinerlei Platz haben. Die Beziehungen werden zunehmend versachlicht und
objektiviert. Auch reduzieren sich diese zunehmend auf
Tauschverhältnisse. In dieser total verwalteten Welt werden

---

[56] Robert Kurz (Hrsg.). Marx...a.a.O., 2006, S.8, Z.28
[57] Robert Kurz (Hrsg.). Marx...a.a.O., 2006, S.8, Z.28ff

Idealismus, unangepasstes Verhalten oder Kreativität permanent unterdrückt.

e. Der weltweite scheinbare Siegeszug des Kapitalismus ist eher ein fortwährender und ständiger „universeller Krisenproze[ss]"[58], was durch das Platzen der „Internetblase" als „New Economy" und den damit verbundenen „Illusionen der virtuellen Wertschöpfung und der Informationstechnologie als einer möglichen neuen Basis der Kapitalverwertung"[59] dokumentiert wurde.

Staaten sind mit den Bewältigungen dieser fortwährenden Krisenprozesse immer mehr überfordert – Stichworte sind Rettungsschirme für Banken in Europa und Übernahme ganzer Industriegiganten in Amerika nach 2008 – und die Mittelschichten von einer Angst vor dem Absturz in finanzielle Armut gezeichnet[60], was zu einer immer größeren Indifferenz gegenüber dem Schicksal anderer Menschen, die weniger privilegiert scheinen, führt.

---

[58] Robert Kurz (Hrsg.). Marx…a.a.O., 2006, S.9, Z.22
[59] Robert Kurz (Hrsg.). Marx…a.a.O., 2006, S.9, Z.23ff
[60] vgl. bspw. Robert Kurz (Hrsg.). Marx…a.a.O., 2006, S.10, Z.5ff

f. Im Kapitalismus wohnt „das Mantra ´Modernisierung´" inne, das „den Stellenwert einer hohlen Götzenbeschwörung"
aufweist.[61] Dies deshalb, da ein wirklicher „Fortschritt" nicht
nachweisbar ist, der als eine gesellschaftliche und sozialöko-
nomische Fort- oder Weiterentwicklung verstanden werden
kann, der frühere schlechtere Zustände überwinden hilft.[62]

g. Darüber hinaus scheint dem Kapitalismus vordergründig eine Offenheit und Freiheit zu eigen zu sein, die besagt: Alles
ist möglich! Und zwar in Form von Enttabuisierungsprozes-
sen[63], an deren Ende „(fast) alles erlaubt [ist], vorausgesetzt
allerdings, es kann ge- und verkauft werden"[64], alle Vorgänge
also einer marktwirtschaftlichen Logik folgen. Eine „scheinbare universelle Beliebigkeit wird gleichzeitig [...] begrenzt
durch die völlig unbeliebigen, gewissermaßen dogmatischen,
eindimensionalen und ´alternativlosen´ Formen von Wert,
Ware, Geld und Konkurrenz, denen die betriebswirtschaftli-
che Form und Substanz der ´Arbeit´ zugrunde liegt"[65].

---

[61] beide Zitate bei: Robert Kurz (Hrsg.). Marx...a.a.O., 2006, S.18, Z.5f

[62] vgl. analog zu den Gedanken bei Robert Kurz (Hrsg.). Marx...a.a.O., 2006, S.18, Z.21ff

[63] vgl. Robert Kurz (Hrsg.). Marx...a.a.O., 2006, S.42, Z.

[64] Robert Kurz (Hrsg.). Marx...a.a.O., 2006, S.42, Z.23f

[65] Robert Kurz (Hrsg.). Marx...a.a.O., 2006, S.42, Z.24ff

Der Kapitalismus suggeriert lediglich eine formelle Freiheit. Zwar ist innerhalb der kapitalistischen Gesellschaft jeder frei und rechtlich gleichgestellt, doch können Lohnarbeiter *lediglich auswählen, wem* sie ihre Arbeitskraft verkaufen. Daher ist Arbeit im Kapitalismus keine Möglichkeit der Selbstverwirklichung, sondern eine Form der Zwangsarbeit.

h. Kapitalismuskritiken beschreiben Ansichten und Theorien, die die Akkumulation des Kapitals kritisieren: Wenige haben viel. Nur eine Minderheit verfügt über die Produktionsmittel, die Mehrheit muss ein Lohnarbeitsverhältnis eingehen. Von den Ende 2013 ca. 7,2 Milliarden Menschen sind etwa 1.400 Menschen Milliardäre und 1% verfügen über etwa 40 Prozent des Vermögens. 70 Prozent der Weltbevölkerung besitzen weniger als fünf Prozent des Vermögens und große Teile der Menschen leben in großer Armut.[66]

---

[66] vgl. z.B. bei „Forbes online" unter: http://www.forbes.com/billionaires sowie http://www.spiegel.de/wirtschaft/soziales/weltkonjunktur-lagarde-beklagt-ungerechte-verteilung-des-reichtums-a-943787.html oder den Artikel „Weltkonjunktur: Lagarde beklagt ungerechte Verteilung des Reichtums" bei Spiegel Online unter: http://www.spiegel.de/wirtschaft/soziales/weltkonjunktur-lagarde-beklagt-ungerechte-verteilung-des-reichtums-a-943787.html oder Credit Suisse Global Wealth Databook 2013, unter http://de.statista.com/infografik/1824/reichtumsverteilung-weltweit

Gegenstand von Debatten sind auch die Bezahlungen der Arbeit: Es gibt Lohnunterschiede von Löhnen für gewisse Arbeiten i.H.v. ein paar Eurocent am Tag bis zu Abermillionen.[67] Ebenso gibt es keinen gleichen Lohn für gleiche Arbeit.

Das Phänomen der Globalisierung unterstützt einen fortschreitenden Prozess, dass sich die Welt in reiche und arme Länder spaltet. Dieser These halten Befürworter der Globalisierung allerdings entgegen, dass das stete globale Bevölkerungswachstum dazu führe, dass der Abbau von Handelsschranken und das westliche Wirtschaftsmodell eine Möglichkeit sei, Armut einzudämmen.[68] Der Kapitalismus weist aus Sicht der Kritiker einen ausbeuterischen Charakter auf, der Verelendung fördert, da der Kapitalist sein Kapital durch die Ausbeutung fremder Arbeitskraft vermehrt. Dies dadurch, da er nur einen Teil des durch

[67] ein interessanter Beitrag hierzu: Zeit Online „Zeit-Akademie: Warum gibt es Lohnunterschiede?", unter: http://www.zeit.de/video/2011-11/1265518048001/oekonomie-zeit-akademie-warum-gibt-es-lohnunterschiede
[68] vgl. Aspekte der Globalisierung bspw. bei Welt Online, Beitrag „Globalisierungsreport: Globalisierung vergrößert den Vorsprung reicher Länder", unter: http://www.wiwo.de/politik/konjunktur/globalisierungsreport-globalisierung-vergroessert-den-vorsprung-reicher-laender/9660160.html

den Arbeiter geschaffenen Wertes diesem rückvergütet. Dieser übriggebliebene Wert ist für den Kapitalisten der Mehrwert, aus dem er seinen Profit schöpft. Ohne einen starken Sozialstaat führt dies unvermeidlich trotz Fortschritten z.b. bei den Arbeitsbedingungen zu einer Verelendung und allgemeinen Verarmung.

Gerade Länder wie Indien oder China zeichnen nun Entwicklungen im Schnelldurchgang nach, die in Europa durch die industrielle Revolution bereits Vergangenheit zu sein schienen und sich in Bezeichnungen wie „erbärmliche Arbeitsbedingungen" oder „extreme Luftverschmutzung" nur unzureichend bezeichnen lassen.

Durch Globalisierungstendenzen werden negative Lohnspiralen noch verstärkt, da ein Lohndruck durch z.B. China in Europa dadurch zu spüren ist, dass es sich für Unternehmen lohnt, Produktionsstätten dorthin zu verlagern. Dies geht so weit, dass nach dem Zusammenbruch des Ostblocks ab 1990 Firmen aufgrund günstiger Löhne nach Ungarn und mittlerweile von dort nach Bulgarien und Rumänien gegangen sind. Von zahlreichen asiatischen Billiglohnarbeitsstätten ganz zu schweigen. Thema der Kritiker hier: Ruf nach gleichem Lohn für gleiche Arbeit, nicht nur innerhalb einer Gesellschaft, sondern auch innerhalb der Weltordnungsgemeinschaft. Letztlich führt die durch neue Technologien geschaffene Möglichkeit, weltumspannend schnell und effizient Handel betreiben zu können, zu einer Konkurrenzsituation auch zwischen vormals voneinander weit entfernten Ländern und zu einer Möglichkeit, z.b. Lohnpreisvergleiche durchzuführen mit der Folge einer Abwärtsspirale der Einkommen und einer Abwanderung von Millionen von gutbezahlten Jobs aus industrialisierten Ländern in Niedriglohnländer, wo die Menschen schlecht bezahlt werden. Möglich sind solche Entwicklungen, weil die Niedriglohnländer unter anderem geringere Infrastruktur und geringere soziale Standards und Lebenspotentiale aufweisen und daher Arbeit billiger angeboten werden kann.

i. Der Kapitalismus führt zu Hegemonialbestrebungen des Westens durch Einführung kapitalistischer Prinzipien: Einzelne Länder werden insofern entmündigt, als dass sie nicht mehr autonom über ihre gesellschaftlichen Regeln und Vorgehensweisen entscheiden können, sondern aus ökonomischer Not heraus dazu gezwungen werden, beispielsweise durch den Internationalen Währungsfond (IWF), der Kredite nur vergibt, wenn politische und ökonomische Vorgaben erfüllt werden. Kapitalismus führt somit zu einer neuerlichen, im Gegensatz zu früheren Zeiten moderneren Kolonisierung von Teilen der Welt und zu einem Bestreben westlicher Länder, „materielle Herrschaft" durchzusetzen. Hierzu zählt auch der Werteexport im Hinblick auf Konsumwirtschaft durch Schaffung künstlicher Bedürfnisse, man denke nur an die McDonaldisierung der Welt.[69]

j. Wenn man davon ausgeht, dass Globalisierung ein Phänomen des westlichen Kapitalismus ist, dann ist Globalisierungskritik auch gleichzeitig eine Kritik am kapitalistischen Modell. Globalisierungskritik ist dabei die Auseinandersetzung mit sozialen, kulturellen, ökologischen und ökonomischen Auswirkungen der Globalisierung. Hier spielen Kritiken an den Organisationen wie Weltbank und der Welthandelsorganisation eine entscheidende Rolle, da deren Wirken in Zusammenhang mit neoliberalen Tendenzen gebracht wird.

Zentral sind dabei die angestrebte Deregulierung gesetzlicher Vorgaben in einzelnen Ländern, der Abbau sozialer Rechte und die umfassende Kommerzialisierung durch Privatisierungstendenzen.

---

[69] vgl. bspw. zu dem Zusammenhang zwischen IWF und negativen Auswirkungen in Ländern, interessant aufbereitet, bei: Greg Parker. Shame on you! Die Wahrheit über Macht und Korruption in westlichen Demokratien. München: Deutsche Verlags-Anstalt, 2003, S.171ff, Z.7ff

k. Ökologische Perspektive: Die Idee, dass man mit den weltlichen Ressourcen sorgsam umzugehen hat, erscheint auf den ersten Blick als ein Verdienst der kapitalistischen Prozesse.

Wer baut, hämmert, zimmert, produziert, forscht, der verbraucht auch und transformiert Rohstoffe zu Gütern und verändert eben nicht nur das Leben des Menschen, sondern auch seine Umwelt. Das Problem hierbei ist aber: Wer bauen will, benötigt Zement und Eisen und was auch immer, also Material. Und Energie, das Material zusammenzustellen, zu verarbeiten, zu verändern. Und wer immer mehr bauen will, der benötigt Nachschub dieser Ressourcen und Energien. Dies betrifft sämtliche Bereiche, in denen ein Wachstum angepeilt wird. Der Kapitalismus kennt kein Schrumpfen, er basiert auf der Idee, dass investiertes Kapital jeglicher Couleur in Gewinn mündet, sich also vermehrt, und dass unter steigender Produktivität weitere Gewinne entstehen und zusätzliches Kapital angehäuft wird. Hier steht man bei endlichen globalen Ressourcen ersteinmal vor einem Problem.

Im Bereich der Rohstoffe der Erde bedeutet dies: Wenn der Lieferant Erde bestimmte Rohstoffe nicht mehr liefern und der Mensch neue Zusammensetzungen und Technologien noch nicht hinreichend einsetzen kann, sodass man Ersatz hat, benötigt gerade das Spiel der freien Märkte und des fortwährenden Wachstums etwas anderes: Eine aus dem Boden des Nichts gestampfte Komponente, die das Minus repräsentiert und daraus ein Plus erwachsen lässt. Was geschieht, ist eine künstliche (d.h. durch den wirtschaftlichen Kreislauf geschaffene) Verknüpfung von endlichen Rohstoffen mit einem Marktpreis: Ein Minus an Angebot eines bestimmten Rohstoffes führt zu einer Verknüpfung mit der „Waage Geld" als wesentlicher Komponente der Marktwirtschaft und einer Erhöhung des Betrages, den man in Relation zu dem Rohstoff setzt. Dabei ist der Einschub dieser künstlichen Waage dann widersinnig, wenn man einfach den Rohstoff nehmen und diesen verteilen würde. Ist aber nicht genügend Rohstoff für alle, die diesen benötigen, da, hat der Kapitalismus die Lösung gefunden: Die Waage Geld geht dann ins Plus, wenn auf Seiten des Rohstoffes ein sattes Minus vorherrscht. Gibt es dagegen viel Angebot eines bestimmten Rohstoffes, so würde die Waage Geld eigentlich völlig hinfällig, der Kapitalismus ist aber auch dann recht „klebend" und geht im schlimmsten Falle bis auf „Nichts". So auch bei den Energien: Beispielsweise ist der Strompreis an der deutschen Strompreisbörse in Leipzig teilweise bei „Null" angelangt und das Erzeugnis „Strom" hat keinen Gegenwert in Relation mit dieser Waage Geld, die marktwirt-

schaftliche Verknüpfung ist also sinnlos, da sie keinen Nutzen hat. Im Sinne des Kapitalismus aber schon: Die angezeigte „Null" ist eine Warnung und die Aufforderung, das
Erzeugnis wieder in seinem Geldwert zu steigern durch eine
Aufforderung zum „Minus an vorhandenen Rohstoffen"
(sprich: Drosselung der Stromerzeugung bzw. künstliche
Verknappung). Und gleichzeitig natürlich auch eine Aufforderung, zahlreiche (Finanz-) Nebenprodukte zu entwickeln,
wie beispielsweise Wetten (Optionen) auf die Entwicklungserwartung dieser Verknüpfungen, wodurch zumindest durch
die Nebenprodukte künstlich ein Markt für ein weiteres
„Plus" geschaffen wird, mit dem sich „handeln" lässt (in der
Finanzwirtschaft).

Dem Beispiel eines Erzeugnisses wie Strom, dass zumindest
einen konkreten Nutzwert darstellt (Strom erzeugt Wärme
und Licht usw.), kann ein völlig imaginiertes Beispiel gegenüberstehen: Der Handel mit CO^2-Zertifikaten und überhaupt die Vorstellung, dass der Ausstoß an CO^2 in Verbindung gebracht wird mit der vorbenannten „Waage Geld".
Aus dem Gedanken, dass ein „zu viel" an Kohlenstoffausstoß
die Welt in irgend einer Form verändert (ggf. das Klima),
verknüpft der Kapitalismus die reine Idee, dass die *Materialisierung dieses Ausstoßes in Form von handelbaren Zertifikaten*

möglich ist und schafft es dadurch, quasi mit Luft zu handeln.

Was hier also wichtig erscheint: Es geht auch im Bereich der ökologischen Strömung nicht um den Erhalt der Natur, weil diese schön oder erhaltenswert ist. Sondern die derzeit von Firmen und Staaten praktizierte Ökologie, die einer kapitalistischen Logik von endlichen und werthaltigen Ressourcen folgt, birgt in sich bereits wieder eine ausbeuterische Gefahr und ist insofern „pervertiert". Der Erhalt der Natur so, wie sie derzeit ist, steht in keinem Falle als Ziel im Vordergrund.

1. Der Kapitalismus benötigt eine Welt, in der Mythologie und Religion eine geringere Rolle spielt und Rationalität die Oberhand gewinnt. Mythologie deshalb, weil Gründungsmythen oder darin präsentierte Handlungsmuster einer im Laufe der Kapitalismusgeschichte übernommenen Handlungsethik widersprechen würden – und zwar dann, wenn sie Inhalte weitertragen, die nicht auf eine Verwertbarkeit eines Lebensbereiches abzielen. Religion deshalb, weil der Kapitalismus die Faszination und Kraft des Hierseins stärken und den jeweiligen Konsumenten den Wert des diesseitigen Daseins vermitteln muss, um Konsumgüter wertvoller gestalten zu können und Ausbeutungsstrategien besser zu vermitteln. Wer das Jenseits stärkt ist immer in Gefahr, das Diesseits zu

schwächen oder Werte im Diesseits zu relativieren – was für den Kapitalismus katastrophal wäre, da die Beliebigkeit von Werten und deren Relativität in Frage gestellt werden könnten.

Exkurs: Katholische Soziallehre

Bei den Ansätzen der sich seit dem 19. Jahrhundert entwickelnden „Katholischen Soziallehre" bemüht man sich um eine übergeordnete Sichtweise:

Betrachtet wird das Zusammenleben der Menschen und es werden Grenzen gezogen durch sozialethische Ansätze, die den Kapitalismus zügeln helfen sollen. Prinzipien sind u.a. das Gemeinwohl, die Solidarität, die Subsidiarität und die Personalität. Aus diesen Überlegungen heraus versucht man, die Gründung von christlichen Gewerkschaften, Sozialverbänden, Handwerksverbänden, das Wirken der *Caritas* als Wohlfahrtspflegeinstitution oder das von *Misereor* als Entwicklungshilfeinstrument zu begründen. Ob allerdings ein innerkirchlicher Ansatz erscheint, der wirklich gegen den Kapitalismus bestrebt ist, erscheint äußerst fraglich. Dies liegt wohl auch vor allem in der kirchlichen Lehre begründet: Vereinfacht gesagt ist der Mensch als ein Abbild Gottes geschaffen worden und daher ehren Gläubige Gott, in dem diese alle Menschen ehren, ebenso wie sie Gott ehren, in dem sie sein Werk ehren und daher auch sorgfältig mit allen Mitmenschen und achtsam mit ihrer Umwelt umgehen. Problematisch wird es allerdings dann, wenn es um ein „Bestreben" nach mehr Wohlstand geht oder in einem Wunsch nach Flucht aus einer postulierten Armut, die ja in jedem Land relativ ausfällt: Denn wer weiß schon, ob es nicht auch Gottes Wille ist, wenn der Mensch so, wie er sich in dieser Welt vorfindet, mit allem abfinden und nicht nach irdischen Reichtum oder nach irdischer Veränderung streben soll. Dies betrifft dann auch die irdische Armut. Ein Sakrileg, aus dem durch Gott zugewiesenen Platz ausbrechen zu wollen? Oder doch ein Beweis für die Autarkie des Menschen, die ebenfalls durch Gott angelegt ist? Es war immerhin religiösen Anschauungen zu verdanken, dass das Geschäft mit dem Geld ursprünglich nicht unbedingt einer christlichen Ethik zuzuordnen ist und es hier zahlreiche Bibelzitate gibt, die ausdrücklich für die Armen und gegen Reiche und Reichtum abzielen.[70] Selbst Jesus wird mit den Worten zitiert: „Eher geht ein Kamel durch ein Nadelöhr, als dass ein Reicher in das Reich Gottes gelangt."[71]

---

[70] zur katholischen Soziallehre gibt es zahlreiche Literatur, als Beispiel seien erwähnt: Sutor, Bernhard. Katholische Soziallehre als politische Ethik. Leistungen und Defizite. Paderborn: Ferdinand Schöningh, 2013; Rauscher, Anton. Handbuch der Katholischen Soziallehre. Im Auftrag der Görres-Gesellschaft zur Pflege der Wissenschaft und der Katholischen Sozialwissenschaftlichen Zentralstelle. Berlin: Duncker & Humblot, 2008.

[71] Markus 10,25, Einheitsübersetzung

Diese wenigen Überlegungen zeigen, wie schwer es ist, aus einer Anschauung, die vor allem durch nicht-weltliche Aspekte geprägt ist, Gründe zu konstruieren, die zu einer wie auch immer geprägten weltlich-orientierten Soziallehre führen. Es ist – letztlich – ein *für oder gegen alles und nichts* möglich.

Exkurs: Befreiungstheologie

Papst Franziskus ist ein Sohn italienischer Einwanderer in Argentinien und von den befreiungstheologischen Ansätzen geprägt.[72] Die Befreiungstheologie war ein christlicher Versuch, Menschen in Lateinamerika aus ungerechten sozialen Strukturen, der kulturellen Ausschließung von Menschen und dem fehlenden Zutritt zu Politik und Wirtschaft zu befreien.[73] In Lateinamerika leben zurzeit etwa eine halbe Milliarde Christen.[74] In den 60er Jahren des 20. Jahrhunderts beklagte der katholische *Episkopale Rat von Lateinamerika*

---

[72] eine kurze Übersicht über das Leben von Papst Franziskus bei Radio Vatikan, „Kurzbiographie des neuen Papstes: Papst Franziskus", unter:
http://de.radiovaticana.va/storico/2013/03/13/kurzbiographie_des_neuen_papstes:_papst_franziskus/ted-673086
[73] zur Befreiungstheologie gibt es zahlreiche Literatur, als Beispiel sei hier auf den folgenden Band verwiesen: Boff, Leonardo. Kirche: Charisma und Macht. 25 Jahre Befreiungstheologie. Gütersloh: Gütersloher Verlagshaus, 2009
[74] ca. 519 Millionen im Jahr 2000, vgl. Wikipedia-Lexikon unter:
http://de.wikipedia.org/wiki/Christentum, bzw. 556 Millionen heute, vgl. unter:
http://www.adveniat.de/lateinamerika/kircheinlateinamerika.html

(CELAM) in Mar del Plata eine Marginalisierung Lateinamerikas. Hinzu kam die Klage auch gegen eine Besonderheit von rohstofffreichen Ländern gegenüber industrialisierten: Man wandte sich gegen die Ausbeutung durch hochindustrialisierte Staaten. Welche Ausmaße solche Ausbeutungen annehmen können, ist frappierend und erschreckend zugleich: Für zahllose Beispiele von Korruption der Mächtigen in südamerikanischen Ländern, den Einflüssen von Industrieunternehmen und Machenschaften westlicher Regierungen sei das Beispiel mit Chile zu Zeiten eines Augusto Pinochets erwähnt. Zum Schutz amerikanischer Industriezweige setzte die us-amerikanische Regierung in den 1970er Jahren ihre „finanziellen, geheimdienstlichen und politischen Mittel" ein und verhalf Pinochet 1973 zu einem Putsch gegen den demokratisch gewählten sozialistischen Präsidenten Salvador Allende[75]. Zum Nachteil eines gepeinigten chilenischen Volkes.

Der globalisierte Kapitalismus greift sich Ressourcen von der ganzen Welt und die Weltkirche sah sich mit regionalen Besonderheiten und konkurrierenden Interessen konfrontiert. Denn die Ausbeutung z.B. Lateinamerikas kam den Arbeitnehmern und der Wirtschaft in den westlichen Industrieländern zugute. Interessant wäre in diesem

---

[75] mehr dazu interessant bei dem Enthüllungsjournalisten: Greg Parker. Shame… a.a.O., 2003, S.251ff, Z.4ff

Zusammenhang der Einfluss von bestehenden finanziellen Ressourcen der Kirche durch z.B. die Kirchensteuer in Deutschland, die
immerhin jährlich einen Betrag i.H.v. mehr als 5,2 Milliarden Euro
(2012)[76], und einem dadurch möglichen fehlenden Interesse, sich
gegen ausbeuterische Ansätze solcher Industriestaaten auflehnen zu
wollen, da man sich im gleichen (und reichen) Boot fühlt.

Durch ein fehlendes, in sich schlüssiges Gesamtkonzept der Weltkirche, mit einer solchen Problematik umzugehen, entwickelten sich
selbständig örtliche und regionale Projekte zur Armutsbekämpfung,
die durch christliche Aktivisten und Kleriker in den in Lateinamerika
üblichen „Basisgemeinden" (um etwa 1960) getragen wurden. Aus
diesen Prozessen entwickelten Theologen und christliche Intellektu-
elle eine *Theologie der Befreiung von Armut und Unterdrückung* als die
eigenständige Reflexion über den Glauben.[77] Diese Theologie stellt
sich als eine praktische Arbeit von katholischen Laien, von Priestern
und Kongregationen dar, die Armut in Lateinamerika zu bekämpfen.
Sie bezeichnet sich als „Stimme der Armen". Sie dient einem Kampf
für das alltägliche Überleben der Armen in Verbindung mit dem
Dienst an Gott und ist daher als soziale Bewegung anzusehen.

---

[76] vgl. bspw. im Wikipedia-Lexikon unter:
http://de.wikipedia.org/wiki/Kirchensteuer_(sonstige_Staaten)
[77] den Namen erhielt diese Bewegung durch das Anfang der 1970er Jahre erschiene-
ne Buch „Teología de la liberación" von Gustavo Gutiérrez

Gleichzeitig stellt sie einen Versuch dar, aus einem gemeinsamen Gebet, der Feier des Glaubens und der Reflexion über die Bibel die eigenen Lebenswirklichkeiten in konkrete Handlungsdirektiven einmünden zu lassen.

Wichtig ist in diesem Zusammenhang, dass eines der Hauptthemen der Bibel die Befreiung aus der Sklaverei ist. Die Befreiungstheologie ist damit quasi ein konkreter Vollzug dieser Erkenntnis – allerdings mit dem Schwerpunkt der Befreiung nicht aus Sklaverei, wie man sie vielleicht in Bezug auf die Sklaverei in Nordamerika im 17. oder 18. Jahrhundert verstehen kann oder die, dass man jemanden seinen Leibeigenen nennt. Befreit werden die Armen und Unterdrückten bzw. die Botschaften des kirchlichen Glaubens. Das Ziel: Das Elend eines Volkes zu beenden. Erlösung aus dieser Unterdrückung und Sklaverei ist in der Befreiungstheologie aber nicht rein spirituell zu verstehen, sondern sozialpolitisch und wirtschaftspolitisch, es ist eine nicht nur auf das Jenseitige gerichtete Erlösung, sondern bezieht sich auf das Hier und Jetzt. Die Befreiungstheologie hat den Anspruch, dass die Weltkirche als Ganzes diesen Interpretationsansatz zum Leitbild erklärt. Manche Befürworter betonten in einer maximalen Interpretation der Bewegung, dass jede Theologie eine Befreiungstheologie sei, und jeder, der diese ablehne, auch Jesus Christus ablehne.

Dabei ist immer auch zu berücksichtigen, dass in Ländern wie Chile, Argentinien oder Brasilien große Teile der Bevölkerung arm sind und Armut daher etwas normales und gesellschaftlich akzeptiertes ist, in jedem Fall keine Schande. In Deutschland wird Armut – trotz 12 Millionen armer Menschen, die in Deutschland leben – immer noch stigmatisiert und als ein Randphänomen angesehen.[78]

Im Ergebnis ein Ansatz „zum Handeln", „zur Veränderung"

Die Befreiungstheologie ist dabei vor allem in den Zeiten der Militärdiktaturen in den 70er und 80er Jahren des 20. Jahrhunderts (Brasilien, Chile, Argentinien, Peru, Nicaragua usw.) mit den gesellschaftlichen Kräften in Konflikt geraten, die die politische Macht inne hatten. Durch Anschläge und Verfolgung wurden dabei Tausende von Gemeindemitgliedern, zahlreiche Priester und Ordensleute getötet. Die Opfer werden dabei vielerorts als Märtyrer angesehen und als „Zeugen für eine konsequente Nachfolge Jesu im Dienste der Armen und Unterdrückten und in diesem Sinne auch [als] Zeichen der Hoffnung"[79]. Die Unterdrückungsmechanismen führten anderer-

---

[78] vgl. „Lebenslagen in Deutschland: Der Vierte Armuts- und Reichtumsbericht der Bundesregierung" des „Bundesministeriums für Arbeit und Soziales", les- und herunterladbar unter: http://www.bmas.de/DE/Service/Publikationen/a334-4-armuts-reichtumsbericht-2013.html

[79] vgl. im Beitrag „Kirche in Lateinamerika" bei der Bischöflichen Aktion Adveniat online, unter: http://www.adveniat.de/lateinamerika/kircheinlateinamerika.html

seits dazu, dass weite Teile der Kirche durch die alltäglichen Erfahrungen mit Folter, Polizeiwillkür, Elend und Rechtlosigkeit resignierten.

Zu den Problemen, die die Weltkirche mit der Einbindung regionaler Besonderheiten hat, kamen bei der Befreiungstheologie zudem noch Konflikte mit der Kirchenhierarchie durch die basisdemokratischen Ansätze der Basisgemeinschaften hinzu, die häufig in Disziplinarmaßnahmen gegen einzelne Geistliche mündeten. Der Vatikan lehnte die Befreiungstheologie in den 70er Jahren des letzten Jahrhunderts ab, Theologen wurden bekämpft, indem diesen die Befugnis zur Lehre entzogen wurde, Papst Johannes Paul II. erwies sich danach ebenfalls als Gegner. Auch dessen Nachfolger, Papst Benedikt XVI., der ehemalige Kardinal Joseph Ratzinger, lehnte jede Form einer solchen politischen Theologie ab. Er sprach 2009 öffentlich und vehement von „trügerischen Prinzipien der Befreiungstheologie"[80]. Für Befürworter der Befreiungstheologie wie bspw. Leonardo Boff gab es Redeverbote, Lehrverbote und den Vorwurf, man betreibe einen Marxismus im christlichen Gewand mit dem Ziel einer sozialistischen Gesellschaftsordnung.

---

[80] vgl. Radio Vatikan, unter Punkt „Meldungen vom 5.12.2009":

http://www.radiovaticana.va/tedesco/tedarchi/2009/Dezember09/ted05.12.09.htm

Zudem gaben sich diese Militärdiktaturen oft christlich und anti-kommunistisch, was einen Teil der kirchlichen Hierarchie dazu bewegte, sich an die Seite der Machthaber zu stellen.

Zusammenfassend lässt sich sagen, dass sich die wesentlichen Wirkungsbereiche der Befreiungstheologie auf folgendes beziehen:

- Den **menschenrechtlichen Bereich** als Bestreben, z.b. gewerkschaftliche Rechte zu implementieren und diese zu überprüfen.
- Den **Bereich der sozialen Gerechtigkeit**, als Ausgleich der Lasten zwischen Arm und Reich verstanden, z.b. durch einen fairen Handel oder eine Entschuldung von Ländern.
- Den **Bereich der Schöpfung** als Versuch, diesen durch einen nachhaltigen Umwelt- und Klimaschutz zu würdigen und zu bewahren.

Grundsätzlich lässt sich also sagen, dass die Befreiungstheologie auch ein Aufruf zur Aktivität beinhaltete und beinhaltet, sich gegen vorherrschende äußere Faktoren, die die Lebensumstände des Menschen negativ beeinflussen, aufzulehnen. Sie ist also ein Plädoyer gegen derzeit für viele vorherrschende Verhältnisse und ein Aufruf gegen die Passivität des Menschen und das sich „Zurückziehen" in eine eigene, innere Welt. Und da die derzeitige Welt von einer kapi-

talistischen Weltordnung dominiert wird und eben viele westliche
Länder gerade in lateinamerikanischen Ländern ihre politischen
Interessen mit nicht immer legalen Mitteln durchgesetzt haben, be-
ziehen die Wirkkreise auch immer einen Kampf gegen kapitalistische
Auswüchse mit ein.

Übergeordnete, betrachtende Zusammenfassung der Kapitalis-
muskritik

Aus all diesen kritischen Ansätzen lassen sich folgende übergeordnete (nicht abschließende) Eckpunkte herausgreifen, die Kennzeichen
einer Kapitalismuskritik sein können:

- Der Kapitalismus entwickelt sich in Teilen zu einem **virtuel-
len Finanzkapitalismus,** dessen Erträge wenige Menschen
erhalten und dessen negative Folgen alle tragen müssen.
- **Sämtliche Lebensbereiche werden erfasst und durchökono-
misiert** und nach Richtlinien aufgestellt, die letztlich der
Profitmaximierung dienen.
- **Die Gesellschaft zerfällt** und den Menschen kommen deren
Mechanismen **als fremde, unbeeinflussbare Macht** vor.
- Gleichzeitig kommt es in Gesellschaften zu **entsicherten Beziehungen,** da sich reziproke Beziehungsmuster abschwä-
chen.

- Die Menschen **entfremden sich von ihrer eigenen Arbeits-leistung**, weil sie ihren eigenen Wertschöpfungsbeitrag nicht mehr nachvollziehen können.

- Ein permanenter **Individualisierungsprozess** dominiert und der Mensch wird nicht mehr als Teil einer Gemeinschaft wahrgenommen, sondern als Unternehmer in eigener Sache, der nur sich selbst verantwortlich ist und nichts von anderen erwarten kann.

- Der Kapitalismus führt zu einem **ständigen globalen Krisen-prozess**, der alle Staaten miteinbezieht.

- Der Kapitalismus produziert **Pseudo-Fortschritte im Namen** einer „Modernisierung", die aber das Leben nicht verbessern, sondern nur verändern.

- Dem Kapitalismus sind **Pseudo-Freiheiten** zu eigen und Pseudo-Offenheiten, die aber nur in den Formen von Wert, Ware, Geld und Konkurrenz möglich sind.

- Die Logik der Wirtschaftswissenschaften degradiert andere, früher führende Gesellschaftswissenschaften zu bloßen **Hilfswissenschaften**. Geisteswissenschaften, die nicht einer kapitalistischen Logik folgen, sind wertlos und verlieren an Bedeutung.

- Der Kapitalismus produziert eine immer größere **soziale Un-gerechtigkeit und Ungleichheit**. Wenige Menschen haben viel Vermögen und Lohn, viele Menschen haben nichts und verdienen wenig für ihre Arbeitsleistung. Da Kapital auch gleichzeitig ein Machtfaktor darstellt, dominieren wenige Vermögende auch auf sämtlichen politischen Ebenen.

- Die **Globalisierung ist lediglich ein Treiber des Kapitalismus** und basiert auf den technischen Möglichkeiten schnellerer Vernetzung, die aber nicht dem fruchtbaren Kulturaustausch dienen, sondern lediglich dem schnelleren Handel untereinander. Der Konkurrenzdruck zwischen den einzelnen Ländern wird massiv verstärkt, es gibt ein ständiges Unterbieten einmal erreichter sozialer Standards.

- Der Kapitalismus ist ein **Ausdruck der Hegemonialbestrebungen des wirtschaftlich starken Westens,** der seine wirtschaftliche Vormachtstellung absichern will und lediglich neue Handelsplätze errichten möchte und an neuen Konsumenten interessiert ist.

- Die **Lohnarbeit im Kapitalismus ist eine Form der Zwangsarbeit.** Hierzu gehört auch, dass es für gleiche Arbeit ungleichen Lohn gibt.

- Eine **ökologische Perspektive** ist lediglich dann von Interesse, wenn daraus einer Möglichkeit entsteht, Handel zu betreiben (wie bei CO^2-Zertifikaten). Wo dies nicht der Fall ist, wird die Umwelt gnadenlos ausgebeutet.

- **Religion ist für den Kapitalismus kontraproduktiv** und wird beiseite gedrängt.

All diese Punkte zielen darauf ab, den Kapitalismus zu kritisieren. Daher lässt sich nachzeichnen, wie der Kapitalismus (nicht abschließend) zu skizzieren ist:

- Er setzt auf den **gegenwärtigen, diesseitig orientierten Menschen.**
- Der Kapitalismus **beutet die Gegenwart auf Kosten einer besseren Zukunft** aus.
- **Der Mensch als Konsument** rückt in den Vordergrund und es werden seine künstlich erzeugten diesseitigen Bedürfnisse befriedigt.
- **Jeglicher Lebensbereich wird ökonomisiert,** d.h. oberstes Prinzip ist das Profitstreben und damit verbundene Effizienzsteigerungstendenzen und Einteilungen in „dafür geeignet" oder „ungeeignet".

Der Kapitalismus setzt auf den Profit und auf Ausbeutung (das Streben nach Maximierung), auf menschlicher Basis entspricht dies der **Verstärkung eines Egoismus des Menschen** gegenüber einer Schwächung eines altruistischen Ansatzes. **Solidarität ist für den Kapitalismus schädlich,** wenn diese nicht der Logik einer Profitmaximierung folgt. Gefördert wird eher ein **Wettbewerb unter den Menschen,** der zu einer Verbilligung der angebotenen Dienstleistungen führt.

- **Beachtung und Anerkennung** finden Menschen dann, wenn sie sich in der vom Kapitalismus vorgesehenen Rolle einfinden (z.B. als Konsumenten), ein Auflehnen gegen diese Rolle – bewusst oder unbewusst – führt zu einer Eliminierung im Denksystem des Kapitalismus, sprich: zu einem Ausschluss aus wirtschaftlichen und sozialen Systemen, die den Kapitalismus akzeptieren oder diesem beistehen.

- **Das Jenseitige spielt keinerlei Rolle,** es wird sogar eine Angst vor dem Tod erzeugt, indem dieser tabuisiert wird. Gleichzeitig wird die **Wertigkeit des Lebens** propagiert, da sich der Mensch nur dann instrumentalisieren und ausbeuten lässt, wenn er darin einen Sinn sieht. Dies würde er nicht, wenn er von einem angenehmen Jenseits ausgehen könnte.

- **Kategorien wie „gut" oder „schlecht" oder „richtig" oder „falsch" gibt es nicht** und sind im Kapitalismus, wenn überhaupt, *relativ* und auf jeweilige Profit- oder Marktchancen gerichtet, nicht durch eine objektiv tätige Instanz ermittelt. Daher gibt es keine eigentliche Ethik im Kapitalismus, die mit einer religiösen Ethik vergleichbar wäre. Da der Mensch aber nach einer Sinnhaftigkeit im Leben strebt und das Verhalten durch Regeln untereinander organisiert werden muss, damit es reibungslos funktioniert, stellt der Kapitalismus *ideologisierte Ethiken* bereit, die darin gipfeln, dass der Mensch alle Lebensbereiche in Bezug auf kapitalistische Kategorien

„relativiert", z.B. „Gut ist, was kurzfristigen Profit und Wohlstand schafft, egal, ob andere dadurch leiden müssen, bspw. durch schlechte Arbeitsbedingungen. *Seelische Leiden,* die dadurch entstehen, *fehlende Liebe* oder ein *Verfall reziproker Gesellschaftsstrukturen* sind egal, weil diese nur dann eine Bedeutung innerhalb der kapitalistischen Logik haben, wenn ein Bezug zu Ware, Geld, Verwertbarkeit, Profit darstellbar ist usw.".

Eine kapitalistische Ethik vorhanden?

Aus all diesen Punkten heraus ist evident, wie eine „Lehre vom richtigen oder falschen Verhalten" im Kapitalismus (der im eigentlichen Sinne ja keine Ethik begründet) aus Sicht der Kapitalismuskritiker aussieht, der aber dann doch nicht ohne den Menschen auskommt und daher eben nicht ohne ein Gerüst davon oder eine Vorstellung darüber, wie sich Menschen am besten zu verhalten haben, wenn sie ihr Leben miteinander geordnet bewältigen wollen.

Verhaltensdirektiven des Kapitalismus

Bestimmte Regeln analog der zehn Gebote im Christentum gibt es beim Kapitalismus nicht. Die Verhaltensregeln sind einfach und zugleich doch komplex, da diese sämtliche Lebensbereiche mit einschließen und eben nicht Spezialregeln für bestimmte Spezialsituationen darstellen. *Alle denkbaren Handlungen, die die Charakteristika des*

Kapitalismus auf sämtlichen Ebenen politischen, wirtschaftlichen, sozialen, wissenschaftlichen usw. Tuns fördern und unterstützen, werden durch diesen honoriert: Der Mensch erhält beispielsweise einen Lohn, wenn er seine Dienste als Lohnarbeiter einem Arbeitgeber anbietet, so lange er die Arbeitsbedingungen akzeptiert. Oder er erhält eine Förderung als Wissenschaftler durch eine wissenschaftliche Einrichtung, die diese wiederum auf Basis von Regeln erhält, die darauf basieren, dass die Gesellschaft „vorankommt", „weiterkommt", „sich entwickelt", und dies sind meistens Kriterien im Namen einer „Modernisierung" und eines „technischen Fortschritts" – so lange er nicht gegen diese Regeln verstößt. Oder er erhält im schlimmsten (Lebens-) Fall Staatshilfe in Form einer Sozialhilfe als Arbeitsloser, aber nur dann, wenn er gemäß dem Motto „Sozial ist, was Arbeit schafft" sich den Regeln und Erfordernissen der Wirtschaft unterwirft und nicht dagegen aufbegehrt. Oder er erhält Aufträge als Journalist, wenn er unverfängliche Dinge schreibt, die die Werbewirtschaft nicht verärgert und die Existenz einer Zeitung durch Ausfall der Anzeigenkundschaft durch zu viele kritische Beiträge gefährdet. Oder er erhält einen Arbeitsplatz, wenn die Familienplanungen den Karriereplanungen untergeordnet werden. Weitere Beispiele sind endlos möglich.

Sämtliche gegen die vorgenannten Charakteristika (Kennzeichen) des Kapitalismus gerichteten Handlungen führen zu einer existenzbedrohen-

den Bestrafung durch Ausschluss aus den Netzwerken und Wirkebenen, die durch den globalen Handel und durch intensive weltumspannende Vernetzungen auf allen erdenklichen Ebenen keinen Bereich des Lebens auslassen, die für einen Menschen relevant sind. Der Mensch verliert seinen Arbeitsplatz als Lohnarbeiter, wenn er seine Arbeitsbedingungen nicht akzeptiert und eine Verbesserung anregt. Er wird als Terrorist verfolgt und bestraft, wenn er sich gegen politische Unterdrückungsmuster auflehnt, die den Kapitalismus unterstützen. Er wird den eigenen Kindern keine lebenswerte Zukunft ermöglichen innerhalb der Weltgemeinschaft, wenn er nicht für eine Schulbildung und Berufsausbildung gemäß den gesellschaftlichen Forderungen eintritt, die von wirtschaftlichen Aspekten dominiert sind. Er wird wie Jesus Christus ans Kreuz genagelt (im heutigen Fall: gesellschaftlich gebrandmarkt), wenn er den Herrschenden nicht nach dem Wort redet und alternative Wirtschafts- oder Gesellschaftsformen einfordert und dafür aktiv eintritt. Er wird als „Spinner" oder „Hippie" oder „Aussteiger" gesellschaftlich stigmatisiert und an den Rand gedrängt, wenn er nicht dem Mainstream folgt und zu „Veränderungen" aufruft, die nicht den vorherrschenden Denkmustern folgen, die eben heute Charakteristika des Kapitalismus in sich tragen oder von diesem dominiert werden. Er wird auch innerhalb der Familie und in der Liebe nach seinem „Beitrag" und „Investment" gefragt und aus einem Ehe- oder Partnerschaftsgelübde „entlassen" werden, wenn dieser „Beitrag" oder dieses „Investment" nicht einem

Effizienz- und Konkurrenzdruck im Sinne einer kapitalistischen Logik standhalten kann, sei es vom Äußerlichen her oder vom Gedanken an eine „finanzielle und emotionale Zuwachsgemeinschaft".

Gegenüber all den direkten und indirekten, im System des Kapitalismus latent inne wohnenden Verhaltensdirektiven muss sich der einzelne Mensch und müssen sich Gemeinschaften positionieren und „verhalten". Wie ein solches Verhalten des Menschen aussehen kann, das ideal im Sinne eines Kapitalismus als dem vorherrschenden System ist – darüber wird im nächsten Kapitel zu sprechen sein.

3. Lebensperspektive des Menschen aus Camus „Der Mythos von Sisyphos" im Kapitalismus

Ein Leben in Absurdität

Der 1913 in Algerien geborene französische Schriftsteller und 1957 mit dem Nobelpreis für Literatur geehrte Albert Camus[81] hat den Essay „Mythos von Sisyphos – ein Versuch über das Absurde" 1942 geschrieben[82] und will damit die Konfrontation des Menschen mit der Welt thematisieren. Wobei Camus im eigentlichen Sinne seine eigene Lebenssituation beschreiben wollte mit der Möglichkeit einer „grundsätzliche[n], aber auch unmittelbar persönliche[n] Bedrohung durch einen jederzeit nahen Tod"[83]. Die Welt ist für den Menschen nach Camus absurd, da sich dieser seiner eigenen Sterblichkeit in einer überdauernden Welt, einer undurchdringlichen Natur und dem Dasein unter unmenschlichen Mitmenschen bewusst wird. Den Menschen verlangt es nach einem Sinn des Lebens, er möchte gerne

---

[81] mehr Informationen über und zu Camus bspw. bei: Sändig, Brigitte. Albert Camus. Rowohlts Monographien. Reinbek: Rowohlt Taschenbuch Verlag, 2. Auflage, 1997

[82] vgl. Sändig, Brigitte, Albert Camus...a.a.O., S.47, Z.24ff, im vorliegenden Text wird folgende deutsche Ausgabe verwendet: Camus, Albert. Der Mythos von Sisyphos. Ein Versuch über das Absurde. Hamburg: Rowohlt Taschenbuch Verlag, 1997. Im Text bezeichnet mit: **ac**

[83] Sändig, Brigitte, Albert Camus...a.a.O., S.47, Z.38ff

irgendwelche Erklärungsmuster vorfinden, die ihm verständlich machen, weshalb das Leben des eigenen Lebens sinnvoll ist und sich der Mühe lohnt. Das entstehende Spannungsverhältnis zwischen diesem inneren, diesem brennenden Wunsch, einen Sinn im Leben finden zu wollen und der gleichzeitigen Erkenntnis, dass man keinen Sinn ohne übernatürliche Erklärungsmuster wird finden können – dieses Spannungsverhältnis kann zu einer Hoffnungslosigkeit aufgrund der Sinnlosigkeit, Vernunftlosigkeit und Absurdität führen. Wesentliche Motive „für das Entstehen des Gefühls der Absurdität [...sind] Fremdheit der sozialen Umgebung gegenüber, Nichtigkeit angesichts der übermächtigen Natur, Unfähigkeit zu umfassender Erkenntnis"[84].

Camus folgt daraus, dass das Ideal des absurden Menschen daher die Gegenwart ist und nur diese Zeit gilt. Jeder Mensch müsse für sich eine Antwort auf die Sinnfrage finden und der Tod sei durch Verachtung zu besiegen: Es gebe „kein Schicksal, das durch Verachtung nicht überwunden werden kann"[85]. Die Größe des Menschen entsteht dadurch, dass er der Hoffnung bei der Beantwortung der Sinnhaftigkeitsfrage beraubt ist und dennoch nicht verzweifelt. Der Herausforderung, die Sinnfrage des Lebens objektiv nicht beantworten

---

[84] Sändig, Brigitte, Albert Camus...a.a.O., S.48, Z.11ff
[85] ac, S.126, Z.14f

zu können, mündet, wie Camus betont, bei vielen Philosophen
(Kierkegaard, Schestow, Husserl, Jaspers, Heidegger) in „Verzweiflung oder [dennoch] in Hoffnung"[86]. Bei Camus mündet „[d]as Ab-
surditätsgefühl auf der einen Seite und eine kreatürliche Lebensbeja-
hung auf der anderen […] zu einer Haltung illusionsloser, aber lei-
denschaftlicher Bejahung des Lebens".[87] Diese Haltung „mache frei
und produktiv und […] glücklich"[88].

Camus und das Gleichnis des modernen Menschen

Das Bild des Sisyphos (nach dessen irdischem Leben im Hades) ist
für Camus ein Gleichnis der Situation auch des modernen Menschen
in einer modernen, absurden und gottverlassenen Welt: „Heutzutage
[arbeite…] der Werktätige sein Leben lang unter den gleichen Bedingungen, und sein Schicksal […sei] genauso absurd."[89] Der von
den Göttern zu einer sinnlosen Arbeit verdammte Sisyphos ist sich
dieser Sinnlosigkeit bewusst und bejaht dennoch sein Dasein. Daher
betont Camus: „Wir müssen uns Sisyphos als einen glücklichen

---

[86] Sändig, Brigitte, Albert Camus…a.a.O., S.48, Z.19

[87] Sändig, Brigitte, Albert Camus…a.a.O., S.48, Z.20ff

[88] Sändig, Brigitte, Albert Camus…a.a.O., S.48, Z.23ff

[89] ac, S.126, Z.6ff

Menschen vorstellen".[90] Trotz der Tragik dieses Mythos, trotz des tragischen Schicksals, das den modernen Menschen trifft.[91]

Der Mythos in kurzer Darstellung:[92] In der griechischen Sage ist dies ein Königssohn, der aufgrund von List, Tücke und Frevel gegenüber den Göttern in die Überlieferung einging. Vor allem schien ihn der Tod zu beschäftigen und die Möglichkeiten, diesen auszutricksen. Weshalb er letztlich bestraft wurde, nachdem er im hohen Alter dann doch starb, ist zwar nicht bekannt, aber dafür die Strafe: In alle Ewigkeit musste er einen Felsblock auf einen Berg wälzen, der jeweils kurz vor dem Ziel wieder an den Ausgangspunkt zurückrollte. Der Begriff „Sisyphosarbeit" ist somit das Sinnbild vergeblicher Mühsal geworden.[93]

Camus betont, dass die Götter „mit einiger Berechtigung bedacht [hätten], da[ss] es keine fürchterlichere Strafe [...geben würde] als

---

[90] ac, S.128, Z.12f

[91] und zwar deshalb, weil diesem sein Schicksal in einigen Momenten bewusst ist – „in diesen wenigen Augenblicken" ist dessen Schicksal tragisch, vgl. ac, S.126, Z.4 sowie Z.8f

[92] entnommen aus: Herder Lexikon. Griechische und römische Mythologie. Freiburg im Breisgau: Verlag Herder, 1990, S.202f

[93] Camus beschreibt das Schicksal des Sisyphos aus unterschiedlicher Sicht, vgl. ac, S.124f, Z. 7ff

eine unnütze und aussichtlose Arbeit"[94]. Die Götter wollen gerade, dass Sisyphos über diese Absurdität in Depressionen gerät und in Trauer und Schmerz.

Der Selbstmord als einziges ernsthaftes philosophisches Problem

Camus geht so weit, sich die Frage zu stellen, ob für den Menschen aufgrund der Sinnlosigkeit der absurd erscheinenden Welt nicht der Selbstmord ein nahe liegender Gedanke wäre[95], quasi Selbstmord aus Verzweiflung ob der Existenz des Todes. Der Selbstmord wäre für Menschen eine Möglichkeit, sich Freiheit vor der Beantwortung der Frage nach der menschlichen Absurdität im Leben zu verschaffen. Er meint aber, dass dieser Freiheit des Menschen, sich dem unerträglichen Spannungsverhältnis des Daseins des Menschen zu entziehen, entgegengetreten werden muss: Der Tod – der potentiell auch die Freiheit zum freiwilligen Tod impliziert – muss missachtet werden[96]. Und nur durch diese Verachtung gewinnt der Mensch seine Würde zurück und erhält einen Sinn in seiner absurden Situation.[97] Auch: Man muss sein Schicksal einfach hinnehmen, denn „[o]hne Schatten [...gebe] es kein Licht; man [...müsse] auch die

---

[94] ac, S.124, Z.4ff
[95] vgl. ac, S.10ff, Z.2ff
[96] vgl. ac, S.126, Z.13ff
[97] vgl. ac, S.126ff, Z.13ff

Nacht kennenlernen"[98]. Die Beschäftigung, ob das Leben einen Sinn mache und durch den Freitod beendet werden solle, sei auch das einzige „ernste philosophische Problem"[99], da die *Beantwortung* der Frage *durch Selbstmord* oder *durch Weiterleben* unabänderliche Konsequenzen mit sich bringt: Die eigene Antwort über den Wert des Lebens *oder* die Anerkennung der Absurdität im Leben.

Camus meint nun, dass sich der Mensch *doch* Freiheit im Leben als einem absurd erscheinenden Dasein verschaffen kann: Indem er seine Tätigkeiten und sein Leben annimmt, und zwar in dem, was er macht, wie sinnlos diese Situation auch erscheint, und indem er nicht nach dahinterstehenden unbeweisbaren Wahrheiten sucht. Und wenn er gleichzeitig diese Haltung zum *Ausgangsgrund*, d.h. zur Ausgangsperspektive seines Denkens und Tuns macht und diese Aufgabe, so gut es ihm möglich ist, erledigt, sieht er doch einen Sinn im Weiterleben und verschafft sich dadurch Freiheit gegenüber dem scheinbaren Zwang, in Trauer und Schmerz und Wehklagen über die Absurdität des Lebens zu geraten, und trotzt dadurch den Göttern oder einem göttlichen Schicksal, in dem er sich von ihrem oder seinem Schuldspruch innerlich befreit.

---

[98] ac, S.127, Z.26f, im Kontext verstanden
[99] ac, S.10, Z.2

Perfekte Haltung im Sinne des Kapitalismus?

Könnte man diese Haltung eines freien, produktiven, vielleicht glücklichen Menschen, der sich illusionslos, aber leidenschaftlich den Dingen im Leben zuwendet und widmet, keine grüblerischen Fragen stellt und nicht nach dem Sinn hinter den Dingen fragt, also *als eine perfekte Haltung charakterisieren*, die der Kapitalismus als Grundlage einer idealen Haltungsethik herannimmt, formt und propagiert? Anders gefragt: Gibt Camus mit der indirekten Beschreibung der Auseinandersetzung seiner persönlichen, schweren Lebenssituation im II. Weltkrieg und durch seine Schlussfolgerungen die Blaupause einer Haltungsethik, die die Fragen nach dem „richtigen Verhalten" hinter sich lässt (also keine eigentliche Ethik mehr ist) und die Fragen nach einem Sinn gar nicht stellt? Anders gefragt: Ist es einem von Lebenstragödien erstarrten Menschen wie Camus – „ohnmächtig und rebellisch[e][100] – in Kriegszeiten, der angstvoll auf den nächsten Schicksalsmoment wartet, zu verdenken, wenn er sich einbunkert – auf Lauerstellung geht, ersteinmal nur funktioniert und auf die nächste psychische oder physische Bedrohung wartet und eben nicht den Nerv für transzendental orientierte Sinn- und Daseinsfragen hat? Wie bei einem Soldaten im Schützengraben, der funktionieren, gehorchen und mit Automatismen reagieren muss – spekulative

---

[100] ac, S.126, Z.10

Grundsatzfragen wären lebensbedrohlich, wenn man den Feind in Form eines unerwarteten Schicksalspotentials erwartet.

Camus gibt – gewollt oder unbewusst – eine Steilvorlage für jene Unterstützer der vorherrschenden globalen Wirtschaftssystematik, die keine Systemänderung wünschen und sich gegen jede Veränderung der vorherrschenden Ziele und Wegrichtungen mit Vehemenz wehren. Ein ideales Haltungsgerüst für all die Menschen, die perspektivlos („ohnmächtig"[101]) im Leben nach *Überleben* ringen – sei es bei der Nahrung in ärmeren Weltgegenden, sei es bei schlechtbezahlten Jobs, die scheinbar lebenswertes Leben ermöglichen helfen, in reicheren Gegenden, sei es bei der Suche nach der Sinnfrage in einer technisierten, desillusionierten Welt überhaupt, die sofort im Keim eliminiert wird, da sie nicht gestellt werden darf.

Bemerkenswert ist, dass Camus selbst zugibt, dass ihn das Schicksal des Sisyphos während seines sinnlosen Tuns – das Hinaufschieben des Felsblocks – eher weniger interessiert, sondern während des „Rückweg[s], während dieser Pause, interessiert [...ihn] Sisyphos"[102]: Da er selbst das Schicksal des „heutigen Werktätigen" mit dem Schicksal des Sisyphos vergleicht[103], kann man Camus durchaus unterstellen, dass ihn auch das Schicksal des gepeinigten Menschen an

---

[101] ac, S.126, Z.10

[102] ac, S.125, Z.31f

[103] vgl. ac, S.126, Z.4ff

sich nur „in den wenigen Augenblicken, in denen der Arbeiter [sich seiner absurden Situation] bewu[ss]t wird"[104], wirklich interessiert. Aber interessiert sich Camus wirklich nur für den Arbeiter? Er interessiert sich ja nicht für dessen konkrete Arbeitsbedingungen oder spezielle Ausbeutung, sondern für dessen Inneres: Für dessen Bewusstsein, dessen Schicksal, für dessen Haltung, die er gegenüber seinen Lebensinhalten einnimmt, für dessen Stolz, dessen Würde. Aber die Episode zu Sisyphos ist im Text von Camus ja nur ein kleiner Ausschnitt seiner Betrachtungen zu der Haltung gegenüber ein als absurd zu bezeichnendes Leben.

Ideale Ausgangssituation

Durch die gedankliche Konstruktion eröffnet Camus dem Kapitalismus ideale Perspektiven: In religiös geprägten Gesellschaften, die das Leben als Vorbereitung oder Prüfung oder Vorstufe, in jedem Falle nicht als Paradies des Menschen sehen – im christlichen Glauben wartet das Paradies ja in einem jenseitigen Irgendwo[105] –, wirken die Antriebsmechanismen des Kapitalismus nicht mehr. Da, wo Reichtum und Glanz und Gloria im Jenseits nach einem Tod liegen, verblasst die Gegenwart. Die Akkumulation von Kapital, das Streben

---

[104] ac, S.126, Z.8f

[105] oder natürlich auch die Hölle, vgl. hierzu recht amüsant: Uta Ranke-Heinemann. Nein und Amen. Mein Abschied vom traditionellen Christentum. München: Wilhelm Heyne Verlag, 2002, S. 318ff

nach dem schönsten Auto, nach der neuesten Villa, nach dem besten Outfit – all dies ist bei einem persönlichen Blick auf Jenseitiges nicht mehr relevant und verliert sein Funkeln. Auch der Wettbewerbsgedanke vergeht. Wer sein Tun und Handeln auf sein Glück nach dem Tod ausrichtet, dem wird nicht einleuchten, weshalb er sich von seinem Arbeitgeber oder überhaupt jemandem ausbeuten lassen soll, um Geld zu verdienen, das letztlich nur zur Befriedigung eines Konsumdrucks dient. Er wird über kurz oder lang die Systemfrage, d.h. die Frage nach den richtigen oder falschen Lebensbedingungen stellen.

Daher ist jegliche Haltung, die dem Diesseits, dem Hier und Jetzt, dem Augenblick im Leben des Menschen einen höheren Sinn verleiht und diesem Moment zu mehr Wert verhilft, eine *dem Kapitalismus in seiner Haltungsethik dienliche Komponente.* Wer wird schon nach diesseitigem Reichtum streben, wenn sein Hauptaugenmerk auf den Glanz des Jenseitigen liegt? Wer wird schon die Gegenwart dazu verschwenden, seine Mitmenschen als Konkurrenten zu sehen und diese übervorteilen zu wollen, wenn er glaubt, dass sein dann a-soziales Verhalten nach dem Tod geahndet oder bestraft werden wird? Wer sieht einen Sinn darin, sich einer sinnlosen Arbeit hinzugeben, die nutzlose Produkte hervorruft, wenn er nicht das Geld benötigt, um nur Überleben zu können, sondern auch, um als Kon-

sument unnatürliche Bedürfnisse nach diesen sinnfreien Produkten
zu befriedigen.

Sinnvolle Haltung im Absurden

Die Tatsache, dass Camus mit seinem Ansatz einer Haltungsethik
Vorschub leistet, die ideologisch verwendet werden kann, die der
Gegenwart frönt und dem Augenblick Glanz verleiht, die dazu führt,
dass der Mensch sein Leben – und sei dies auch noch so erbärmlich
und nutzlos – als *sinnvoll im Absurden* uminterpretiert, kann daher
einem kapitalistisch orientierten System als Ideal vorkommen und
proklamiert werden: Vergiss das, was Du nicht erklären kannst, ignoriere es, verdränge andere Sinnfragen, die Du nicht siehst und
fühlst und riechst, und genieße nur den Augenblick und das neueste
Produkt, denn nur dieses Leben ist einmalig und wertvoll, nur Dein
derzeitiges Dasein musst Du vergolden. Alles andere ist Spekulation
oder lustige Romanpassage. Alles andere macht Angst. Absurditäts-
fatalismus durch Verdrängung eigener schrecklicher Lebenssituatio-
nen, bei Camus im Dienste eines Kapitalismus also?

Aufbegehren und Versuchung von Sinnfragen

Ein Aufbegehren gegen die sinnlos und absurd erscheinende Situation des Menschen im Leben durch Annahme dieser Sinnlosigkeit
entspricht somit, der Logik von Camus folgend, einem solchen sinnlosen Leben. Die innere Revolte *gegen* die Versuchung von Sinnfra-

gen und *gegen* das Hinaustreten-wollen ins für den Menschen nicht vorgesehene und begreifliche Transzendentale ist eine gemäß Camus hausgemachte, eigene Sinnhaftigkeit und für ihn ein Sieg des Menschen. Es entspricht aber gerade der Haltung von Sisyphos, die im Ergebnis unfruchtbar ist und gerade zu der absurden Situation führt, in der Camus den Menschen sieht.

Dass Camus dabei eine Perspektive vernachlässigt, die darin besteht, über das ernsthafte (nicht nur sich nahezu lustig machende[106]) Nachdenken über den Tod hinaus eine Rückkopplung über die Sinnhaftigkeit der hiesigen Welt zu erhalten – mag für den Kapitalismus geradezu ideal sein. Fragen nach dem Sinn des Lebens? Camus macht sich selbst über die „Helden" bei Dostojewski lustig, wenn sie nach einem solchen Sinn fragen, wodurch sie modern seien: „[S]ie fürchten die Lächerlichkeit nicht."[107]

Würde über den Sinn des Lebens im Kapitalismus, der die Lebensumstände prägt, nachgedacht, würde das eigene Dasein des Menschen auch, was seine Ethik anbelangt, verändert: Wer nicht nur eine auf den Augenblick gerichtete Haltung aufweist und sich Fragen stellt wie „kann mein Handeln auch vor einem Gott bestehen, der

---

[106] siehe bspw. seine Ausführungen zu einer Art Gott bei Kafka, vgl. ac, S.140f

[107] ac, S.109, Z.3

mich nach meinem Tod danach fragt?", „Spielt es eine Rolle, welches Kleid ich trage und ob ich dafür Kinderarbeit in Kauf nehme?" oder „Welche Welt will ich meinen Kindern hinterlassen und muss ich dafür die natürlichen Ressourcen schonen oder kann ich die Natur ausbeuten für meinen Konsum?", der wird die Gegenwart und seine eigene Welt weniger wichtig nehmen und auch das Verhalten der anderen und die Wertmaßstäbe, die andere Menschen an den Tag legen, auch „über den Tag hinaus" bewerten und einordnen. Und in der Folge vielleicht auch all jenes besser erkennen und einordnen können, das die kapitalismuskritischen Ansätze vorbringen?

Dabei darf nochmals angemerkt werden, dass die Situation des Sisyphos eine hausgemachte ist: Er ist ein Lügner, ein Betrüger, der gerade dafür bestraft wird, weil er sich gegen sein Schicksal (den eigenen Tod) stellt und weil er sich gegen bestehende Regeln auflehnt. Er wird gerade dafür bestraft, weil er sich gegen sein natürliches Schicksal stellt, es auszutricksen versucht, nicht, weil er es hinterfragt. Seine Strafe einer sinnlosen Arbeit wäre demnach ein Wink der Götter an andere Wesen: Schaut her, wer sich seine eigenen Wahrheiten schaffen und den bestehenden natürlichen Gegebenheiten widersetzen will, sich also seine eigene Realitäten erschaffen will, der wird mit Sinnlosigkeit bestraft, dem zeigen wir, wie sinnlos sein Leben dadurch wird.

Die Götter sehen in ihren Regeln durchaus einen Sinn, wenn sie Sisyphos kein anderes Schicksal zugestehen wollen, als sie es den anderen Menschen auch zugestehen. Sie zeigen dies dadurch, dass sie Sisyphos für seinen Ungehorsam bestrafen. Womit die Fragen nach dem Sinn von Tod und die danach, was dem Leben einen Sinn verleiht und weitere transzendentale Fragen, ihre Berechtigung haben, denn die Götter bestrafen das Ignorieren der Lebenssituation, nicht das Hinterfragen. Die Götter wollen gerade mit der Strafe zeigen, dass das Schaffen einer eigenen, von den natürlichen Realitäten abgekoppelten Realität zu keinem Sinn führt, sondern zu einer Absurdität in Strafe.

Es geht also nicht um das Ignorieren von Tod, möglichen Göttern oder Transzendenz, also nicht um ein Abwenden des Menschen vor diesen Fragen, wie Camus dies zu propagieren scheint, sondern darum, diese Konstanten des Lebens gerade anzunehmen, diese eben nicht aus dem Bewusstsein zu verbannen. Sisyphos verachtet letztlich ebenso wie Camus das hinter den natürlichen Gegebenheiten Stehende, welches dem Menschen nicht zugänglich ist, wenn er beispielsweise den Tod austricksen will. Weil Camus dies aber im Gegensatz zu Sisyphos nur auf einer geistigen Ebene kann, verbannt er den Tod aus dem Denken des Menschen, was einer äußeren Tat gleicht, da sie in jedem Falle das Leben des Menschen zu beeinflussen vermag. Denn beide Handlungen – Sisyphos Betrug und Camus

Verachtung – führen zu dem gleichen Ende: Einer Sinnhaftigkeit, die sich nur auf den Einzelnen bezieht, nur imaginär, nur eingebildet ist, die den Realitäten nicht entspricht und die nur auf sich selbst reduziert ist und nur für sich selbst spricht. Die sich ihre eigenen Realitäten erschaffen will und die objektiven Realitäten ausklammert.

Beim Menschen nach Camus ist dies der auf sich reduzierte, wie eingekapselte Mensch. Bei Sisyphos der in seiner absurden Tätigkeit gefangene Sisyphos. Beide sind bestraft, beide wirken in ihrem jeweiligen Tun sinnlos und unfruchtbar. Dass bei Camus diese Unfruchtbarkeit einer inneren Fruchtbarkeit weichen soll, erscheint mehr als fraglich und ebenso konstruiert, wie sich Sisyphos als einen glücklichen Menschen vorstellen zu wollen.

Camus bringt noch weitere Beispiele: So „[d]ie Hoffnung und das Absurde im Werk von Franz Kafka" als Beschreibung einer absurden Schöpfung:[108] Der Mensch (bei Camus: Kafka) „lebt und ist verurteilt"[109]. Für Camus zeigt sich in dem Werk, dass „[a]bsurd ist, da[ss] die Seele [des Menschen] einem Körper angehören soll, über den sie so maßlos weit hinausgreift"[110]. Er sieht in der „hellsichtige[n],

---

[108] vgl. ac, S.130ff

[109] ac, S.131, Z.31

[110] ac, S.133, Z.8f

stumme[n] Verzweiflung [...eine] erstaunliche Freiheit im Verhalten, in der die Figuren des Romans bis zum tödlichen Ende gehen"[111], sich also in ihr Schicksal kampflos ergeben. Aber auch hier – ebenso wie bei Sisyphos – erkennt Camus „eine sonderbare Art von Hoffnung"[112], und zwar im Abfinden mit dem Schicksal.[113] Hier erkennt der französische Philosoph sogar eine „existentielle Revolution", in dem der Mensch das liebt, was ihn vernichtet.[114] Ebenso wie Sisyphos immer wieder den Block den Berg hinaufschiebt, beschreibt Kafka nach Camus in jedem Kapitel einen Fehlschlag, aber auch einen Wiederbeginn.[115] Und auch die Tragik liegt für Camus in dieser „Fülle von Eigensinn"[116]. Er sieht einen „gewaltigen Hoffnungsschrei"[117]: „Das Absurde wird erkannt und anerkannt, der Mensch findet sich mit ihm ab, und von diesem Augenblick an wissen wir, da[ss] es nicht mehr das Absurde ist."[118] Camus behauptet in der Betrachtung des Werkes von Kafka, „da[ss] das tragische Werk, bar

---

[111] ac, S.135, Z.14ff

[112] ac, S.135, Z.20f

[113] vgl. ac, S.135, Z.32

[114] vgl. diesen Gedanken bei: ac, S.136, Z.7ff

[115] vgl. ac, S.136, Z.20

[116] ac, S.136, Z.21f

[117] ac, S.139, Z.24

[118] ac, S.140, Z.3ff

jeder zukunftsweisenden Hoffnung, gerade die Lebensbeschreibung eines glücklichen Menschen sein könnte".[119]

Eine durch Camus inspirierte Haltungsethik

Eine aus Camus´ Ansatz inspirierte *Haltungsethik* (respektive *ideologisierte Ethik* oder *vorgefertigte Ethik*) scheint also eine ideale Blaupause zu sein, um die Merkmale des Kapitalismus zu unterstreichen und diese zusätzlich zu fördern. Und zwar auf eine Weise, die vom Kapitalismus in ihren Grundzügen anstandslos übernommen werden kann. Gerade nachfolgende Bereiche sind in diesem Zusammenhang erwähnenswert.

- **Illusionslosigkeit in Leidenschaft**, auch für **sinnfreies Tun.**
- **Ignorieren des Jenseitigen** und **Stärkung des Diesseitigen.**
- **Stärkung des Augenblicks** bzw. **Moments.**
- **Vernachlässigung oder Ignorieren des Tods** und Fragen danach.
- **Akzeptieren der vorherrschenden Strukturen** und nur scheinbare Revolte – nicht gegen vorherrschende diesseitige Zusammenhänge, sondern die Revolte ist ein Aufbegehren gegen ein Gefühl der Macht- und Sinnlosigkeit als Solches

---

[119] ac, S.141, Z.17ff

durch Verdrängung, die sich als „Hingabe ins Diesseitige"
verkleidet.

- Ein Aufbegehren findet nur im Inneren, also als eine **innere
Revolte** statt, nicht durch äußere Taten oder Umsturz, nicht
durch Visionen und Veränderungsversuche. Ein inneres
Aufbegehren birgt dabei die Gefahr, dass der Mensch sich
quasi autosuggestiv gegen vorherrschende, negative Lebens-
verhältnisse aufbegehrt und dadurch Frustabbau betreibt,
aber sich im Äußeren nichts tut („Innerer Widerstand").

- **Der Mensch ist alleine auf sich gestellt,** da er nicht nach einer umfasseneren, den Menschen Geborgenheit vermit-
telnden, transzendentalen Kraft sucht. Individualisierungs-
tendenzen sind vorprogrammiert.

- Solidarität ist damit quasi nur insofern hergestellt, als dass
sich die Menschen *gemeinsam* als leidende, im Dasein eigentlich sinnfrei wiederfindende Wesen erkennen können –
Solidarität als wirkliche äußere Kraft zum wirkungsvollen
Umsturz oder zur Änderung der sinnlosen Tätigkeit eines
anderen Menschen **ist nicht vorgesehen,** da in Camus Denken systemimmanent nicht vorhanden. Im Gegenteil. Sein
Plädoyer der Annahme des Schicksals und seine Revolte gegen Verdruss und Suche nach Sinnhaftigkeit ist eine Steilvorlage für das Ignorieren des Leids anderer Menschen. Und

zwar in dem Maße, wie man das eigene Leid verachtet und darin einen vermeintlichen Sieg zu finden scheint.

- Die **Funktion des Menschen als Konsument** ist bei Camus ebenso angelegt: Der sich gegen realen Sinn wendende Mensch, der sein Schicksal nicht hinterfragt und sein Diesseits ohne Suche als Gegeben hinnimmt, um daraus einen vermeintlichen Sieg als Mensch zu proklamieren – dieser auf sein Inneres und seine innere Revolte gegen Sinnfragen reduzierte Mensch, der damit zu tun hat, die im Menschsein auftretenden Fragen nach Tod oder Transzendenz siegreich zu unterdrücken, scheint die ideale Gussform zu sein für alternative Sinnhaftigkeitsphänomene. So wäre beispielsweise der Mensch als Konsument nach Camus durchaus ein gegen sein Schicksal revoltierender Mensch, wenn er seine Funktion als Konsument *erkennt, annimmt* und *gegen diese revoltiert.* Aber nicht in Form eines Umsturzes des Systems, der ihn zum Konsumenten degradiert, sondern durch seine Verachtung und durch seine Hingabe. Etwas Besseres könnte dem Kapitalismus nicht passieren, als artige und lemminghafte Wesen als Konsumenten vorzufinden, die diese Stellung so hinnehmen und darin einen Sieg sehen wollen.

4. Das Schreiben „Evangelii Gaudium" im Auge des Kapitalismus

Allgemein

In seinem Schreiben „Evangelii Gaudium" wählt der Papst drastische Worte: Er schreibt von der Diktatur der Wirtschaft[120], vom Fetischismus des Geldes[121] und betont: „Diese Wirtschaft tötet"[122].

Der Mensch werde „wie ein Konsumgut betrachtet, das man gebrauchen und dann wegwerfen"[123] könne. „Wir haben die 'Wegwerfkultur' eingeführt, die sogar gefördert wird"[124].

Es ginge „nicht mehr einfach um das Phänomen der Ausbeutung und der Unterdrückung"[125]. „Die Ausgeschlossenen sind nicht 'Ausgebeutete', sondern 'Müll', 'Abfall'."[126]

Nachfolgend sollen die einzelnen Aussagen des Papstes, die man in Bezug auf den Kapitalismus bzw. auf das „[vor]herrschende[n] Wirtschaftssystem"[127] finden kann, dargestellt und hinsichtlich der in

---

[120] vgl. eg, S.99, Z.1ff

[121] vgl. eg, S.97, Z.9ff

[122] eg, S.95, Z.9

[123] eg, S.95, Z.23f

[124] eg, S.95, Z.24f

[125] eg, S.96, Z.1f

[126] eg, S.96, Z.7f

[127] eg, S.96, Z.18

Kapitel 2 vorgestellten kapitalismuskritischen Gesichtspunkte einge-
ordnet werden.

Grundsätzlich muss nocheinmal betont werden, an wen sich der
Papst mit diesem Schreiben richtet: Es sind die Getauften, also all
diejenigen, die sich mit ihm im Glauben vereint fühlen. Das Schreiben sei „an die Mitglieder der katholischen Kirche"[128] gerichtet. Das
Schreiben ist zwar nicht nur auf eine im Oktober 2012 stattgefunde-
ne Bischofssynode zum Thema Neuevangelisierung bezogen, aber
doch davon geprägt: Wie wird der Glaube weitergegeben, in welcher
Form und mit welchen Mitteln? Und wer steht im Fokus? Für Franziskus ist die Weitergabe des Glaubens eine auf „Jesus Christus ausgerichtete Mission, in den Einsatz für die Armen"[129].
Gerade die Armen spielen für christliche Gemeinschaften eine wichtige Rolle. Er will, wie es Bernd Hagenkord SJ betont, in Anlehnung
an Aparecida, eine „permanente Mission"[130].

Der Kapitalismus versteht unter dem Armen den *noch-nicht-Reichen*
oder mit ärmeren Schichten *die-noch-nicht-im-Mittelstand-*
Angekommenen oder mit „arm" *die-durch-den-Wohlfahrts- oder Sozial-*
staat-gesellschaftlich-aufzufangenden-Konsumenten, die als Teil der

---

[128] eg, S.234, Z.18f
[129] eg, S.137, Z.12ff
[130] eg, S.37, Z.13f

Volkswirtschaft weiterhin ihren produktiven Anteil haben sollen:
Die vom Kapitalismus eben als Konsumenten angesehen werden, die
ihre erhaltenen Hilfen ja wieder in den Wirtschaftskreislauf zurück-
führen, sowie als Arbeitskraft, die man ausbeuten kann.

Demgegenüber bedeutet „arm" im Sinne Lateinamerikas sicherlich
etwas anderes als „arm" im Sinne Europas: Hier geht es um Leben
und Tod, dort um einen neuen Fernseher und den Kauf eines neuen
oder gebrauchten Autos. Dort um täglichen Überlebenskampf und
einen Sumpf aus Drogen und Kriminalität, um Menschenhandel und
einem Kampf gegen das völlige gesellschaftliche Ausgeschlossen
werden, dort um die Einbindung der Armen als Teil eines volkswirt-
schaftlichen Kreislaufes mit dem einen Ziel, diese Armen als Konsumenten zu erhalten. So lang es diese Armen im Kapitalismus
schaffen, als Konsumenten wahrgenommen zu werden, wird ihnen
der Wohlfahrtsstaat wohlgesonnen sein und sie – wenngleich auch
auf Sparflamme – am Leben lassen. Anders in Lateinamerika oder
einigen Ländern Afrikas und Asiens: Dort herrscht teils ein „tie-
risch" anmutender (Überlebens-) Kampf mit einem völligen Ausschluss von gesellschaftlicher Teilhabe. Dies sind ja auch Themen,
die die Kirchen in diesen Ländern aufgreifen und thematisieren.
Dass die katholische Kirche hier ihre Probleme hat, liegt in einer
weiteren Dimension des Begriffs Armut begründet: Arm sein bzw. Armut aufweisen im Sinne der Kirche bedeutet auch *Dürre oder Armut*

an geistiger Nahrung, an innerer Ausrichtung auf Gott. Dies ist für die Betrachtung insofern wichtig, da es sich hier auch um Texte handelt, die das Weitertragen des Glaubens in die Welt zum Inhalt haben. Und dabei hat die Kirche aus ihrer Sicht gefüllte Nahrungsspeicher und sprudelnde geistige Nahrung für all die Armen in der Welt zu bieten, die hungern – die einen Hunger nach Glauben haben und ausgehungert sind, die aber auch ausgehungert sind und die innere Ausgemergeltheit der eigenen (Glaubens-) Seele nicht erkennen, sondern diese Armut nur spüren. Der Konsument der Kirche ist keiner, dem es ausschließlich nach Arbeit in einer Fabrik dürstet, die ihm Lohn und physisches Überleben sichern hilft. Der Konsument der Kirche, die der Papst ja anspricht, ist *auch* derjenige, der den Glauben aufnimmt, diesen weitergibt, den es nach innerer Nahrung verlangt und der seinen Lohn und sein Vermögen in einer Heilserwartung und die Ausrichtung des eigenen Lebens auf Gott oder Jesus Christus sieht.

Daher sind die Passagen auch immer vor diesen zumindest zwei Dimensionen zu lesen: Der Dimension, wie sie der Kapitalismus versteht, der in vielen Varianten und Kontinenten unterschiedlich auftritt und die Menschen als volkswirtschaftliche Konsumenten fordert und einbindet. Und auf die der Papst in seinen Ausführungen direkt und eindeutig zu sprechen kommt. *Zudem* die Dimension der kirchlichen Perspektive, die die Armut durch geistigen Reichtum verdrängen will und durch Heilserwartung und eine Ausrichtung des eigenen Lebens auf Gott und die Bewusstwerdung auf die eigene innere Armut und die Armut der anderen. Es geht also um die Dimension der Wirklichkeit, „in der die Weitergabe des Glaubens stattfindet"[131]. Dies ist auch der Grund dafür, weshalb für Franziskus die „Option für die Armen in erster Linie [auch] eine theologische Kategorie und erst an zweiter Stelle eine kulturelle, soziologische, politische oder philosophische Frage"[132] darstellt.

In dem einen Fall liegt die Wertigkeit des Menschen in seiner Konsumentenfunktion begründet und in seiner Verwertbarkeit für die marktwirtschaftliche Logik. Im anderen System ist der Mensch auch dann wertig, selbst wenn er geistig arm ist und eigentlich ungläubig. Denn der Ungläubige kann durch eine innere Ausrichtung und durch eine Annahme des Glaubens seinen eigenen Wert erfahren, den er aber unabhängig von dieser potentiell möglichen Selbsterfahrung im Lichte eines Gottes bereits hat. Diese Wertigkeit liegt naturgemäß darin begründet, dass der Mensch ein Abbild und Werk Gottes ist. Er muss nur daran arbeiten, sich dieser Wertigkeit bewusst zu werden und demgemäß auch gegenüber sich und seiner Umwelt (also anderen) handeln.

---

[131] eg, S.24, Z.18f
[132] eg, S.232, Z.3ff

Im Kapitalismus nun, so Franziskus, werde der Mensch getötet, wenn er Pech habe: Denn wenn er nichts mehr leisten, d.h. in der Logik des Kapitalismus nicht mehr als Konsument auftreten könne, vielleicht weil er arm oder krank sei, deshalb nicht mehr arbeiten und Geld verdienen und deshalb nicht mehr seinem Konsum frönen könne, werde er ein „Ausgeschlossener"[133]. Das dem Kapitalismus zugrunde liegende System kann diesen Menschen dann nicht mehr erkennen, weil es nicht Teil seiner Logik ist. Er ist als Konsument ausgefallen und daher für den Kapitalismus „tot". Anders ausgedrückt und nach Franziskus: Er ist „Müll"[134].

Es gibt keinerlei Verbindung mehr zu den anderen, die noch Teil des konsumistischen Systems sind, er und alle anderen (System-) Toten sind daher nutzlos, da nicht mehr verwertbar, daher Abfall. „[I]n dem geltenden ´privatrechtlichen´ Erfolgsmodell [...scheine es] wenig sinnvoll, zu investieren, damit diejenigen, die auf der Strecke geblieben [...seien,] es im Leben zu etwas bringen"[135] könnten.

Im Gegensatz zum „vergötterten Markt" bleibt der Arme aus Sicht der Kirche ganz unabhängig von seinem geldwerten Kapital oder seiner Verwertbarkeit als (Markt-) Konsument Teil des Werkes Gottes: Auch wenn es ihm nicht wahrhaftig wird, so dürstet es ihn

---

[133] vgl. eg, S.95ff, Z.4ff
[134] eg, S.96, Z.8
[135] eg, S.241, Z.20ff

nach Nahrung, die er durch den Glauben finden kann. Die „riesige Mehrheit der Armen [...sei] besonders offen für den Glauben"[136], wie Franziskus betont, was zu einer „außerordentlichen und vorrangigen religiösen Zuwendung"[137] gegenüber diesen Menschen führen müsse.

Also: Den Unterschied, dass es Situationen gibt, die im Kapitalismus Menschen vollständig ausschließen und auch nie wieder hineinlassen, diese Menschen also von der Gemeinschaft der anderen separieren – je nach Ausprägung des Wohlfahrtsstaates mal mehr, mal weniger, d.h. in Europa mal weniger, in Lateinamerika, Afrika oder Teilen Asiens mehr –, gibt es in dieser Form bei Armut im gläubigen Sinne nicht: Hier wird kein Armer zurückgelassen, denn durch eine Ausrichtung auf Gott und durch die Offenheit für die Evangelisierung durch die Kirche ist es auch dem Armen jederzeit möglich, Teil der Gemeinschaft der Menschen untereinander zu sein.[138] Hier gibt es niemanden, der z.B. trotz Ungläubigkeit für immer ausgeschlossen sein kann, denn seine Werkzeuge, mit denen er wieder Teil der Gemeinschaft werden, mit denen er seine innere Armut und seinen

---

[136] eg, S.235, Z.1f

[137] eg, S.235, Z.8f

[138] Franziskus widmet der gesellschaftlichen Eingliederung der Armen einen ganzen Abschnitt, vgl. eg, S.221ff, wobei er stets betont, dass Christus „den Armen und Ausgeschlossenen immer nahe" sei (eg, S.221, Z.3f)

geistigen Durst löschen kann, wurden ihm durch Gott gegeben. Diese liegen in ihm verborgen und er muss sie nur finden. In dieser Dimension gibt es jedoch zahlreiche „Versuchungen"[139], die „von einer fruchtbaren Weitergabe des Glaubens abhalten"[140]. Letztlich, nach Franziskus: Die Option für die Armen sei eine „theologische Kategorie"[141]. Und die soziale Eingliederung der Armen bedeutet für jeden Menschen somit auch eine Verpflichtung. Ebenso wie der Friede und der soziale Dialog. Die Kirche solle quasi eine „Mutter mit offenem Herzen"[142] und offenen Türen für diejenigen sein, die zurückkommen wollten.[143] Dass dabei die kirchliche Soziallehre mit den Elementen „Menschenwürde, Gemeinwohl, Subsidiarität[, und] Solidarität"[144] eine Rolle spielen, scheint offensichtlich.

Im Einzelnen: Mittäterschaft

Mittäterschaft: Franziskus sieht „viele Arten von Mittäterschaft"[145] bei denjenigen, die nicht aktiv etwas gegen die Missstände der Welt

---

[139] vgl. eg S.25, Z.9ff

[140] eg, S.25, Z.11f

[141] eg, S.27, Z.9

[142] eg, S.88, Z.1

[143] vgl. dieses Bild unter: eg, S.88, Z.2ff

[144] eg, S.249, Z.12f

[145] eg, S.243, Z.5f

tun. Er nennt Beispiele wie Todesfälle in illegalen Fabriken, (Kinder-) Prostitution oder Kinderarbeit.[146]

Gegen den Individualismus

„[E]inen privaten Glauben zur individuellen Vorbereitung auf die Welt ´danach´ könne es nicht geben"[147]. Dabei wendet er sich auch zugleich gegen den „hedonistischen heidnischen Individualismus"[148].

„Die Welt von heute"[149] sei trotz eines „vielfältigen und erdrückenden Konsumangebot[s] (...) eine individualistische Traurigkeit"[150]. Diese individualistische Traurigkeit basiere auf „einem bequemen, begehrlichen Herzen"[151]. Zudem gehe diese hervor „aus der krankhaften Suche nach oberflächlichen Vergnügungen, aus einer abgeschotteten Geisteshaltung"[152]. Das innere Leben verschließe sich in den eigenen Interessen.[153] Das Resultat seien „gereizte[n], unzufriedene[n], empfindungslose[n] Menschen"[154].

---

[146] vgl. eg, S.243, Z.1ff

[147] eg, S.26f, Z.26ff

[148] eg, S.27, Z.16

[149] eg, S.43, Z.14

[150] eg, S.43, Z.14ff

[151] eg, S.43, Z.16f.

[152] eg, S.43, Z.17ff

[153] vgl. eg, S.43, Z.19f

[154] eg, S.44, Z.7

Es sei der „technologischen Gesellschaft gelungen, die Vergnügungs-
angebote zu vervielfachen"[155]. Im Ergebnis würde aber keine Freude
daraus erzeugt.[156] Er erkennt „negative[n] Aspekte der Medien- und
Unterhaltungsindustrie [als] eine Gefahr für die traditionellen Werte"[157]. Die Menschen lebten „in einer Informationsgesellschaft [...die
zu einer] erschreckende[n] Oberflächlichkeit"[158] in Bezug auf moralische Fragen führe.

An anderer Stelle spricht Franziskus von einer „abgeschotteten Geisteshaltung" und einer „Selbstbezogenheit" des Menschen, aus der
dieser durch die Begegnung mit Gott erlöst würde.[159] Wiederum an
anderer Stelle von einem „postmoderne[n] und globalisierte[n] Individualismus"[160], der einen Lebensstil begünstige, der menschliche
Bindungen innerhalb von Familien schwäche „und die Natur der
Familienbande"[161] zerstöre. Der Mensch könne nicht nur Nutznießer
sein, er müsse auch als „Hüter der anderen Geschöpfe"[162] wirken,
sprich: Mitgefühl und Solidarität zeigen, in dem sich der Mensch
um seinen Nächsten kümmert.

---

[155] eg, S.49, Z.10f
[156] vgl. eg, S.49, Z.11f
[157] eg, S.104, Z.15f
[158] eg, S.106, Z.18ff
[159] vgl. eg S.50, Z. 5ff
[160] eg, S.108, Z.12
[161] eg, S.108, Z.15
[162] eg, S. 245, Z.20

Franziskus´ recht philosophische Aussagen zur Einheit, die über dem Konflikt stehe[163] und größere Bedeutung habe als der Konflikt[164], sowie zur Frage der Solidarität, „verstanden in ihrem tiefsten und am meisten herausfordernden Sinn"[165], spielen in einem tieferen Sinne für ihn bei der Beschäftigung mit individualistischen Tendenzen eine wichtige Rolle, können an dieser Stelle aber keine Rolle spielen, da sie zu sehr ins Religiöse abdriften.[166]

Wer wird bei der Evangelisierung bevorzugt?

Franziskus sieht im Evangelium begründet eine „klare Ausrichtung", wer bei der Missionierung bevorzugt werden solle: Dies seien „nicht so sehr die reichen Freunde und Nachbarn, sondern vor allem die Armen und Kranken, diejenigen, die häufig verachtet und vergessen"[167] würden. Und weiter: Die, die es nicht vergelten könnten.[168] Die also, mit anderen Worten, keine Gegenleistung für die Zuwendung erbringen können. Und weiter: Die Armen seien „die ersten

---

[163] vgl. S.254, Z.3ff

[164] „mehr wiege als der Konflikt", vgl. unter eg, S.253ff, Z.1ff

[165] eg, S.254, Z.4ff

[166] „Verschiedenheit ist schön, wenn sie es annimmt, beständig in einen Prozess der Versöhnung einzutreten, und sogar [...] zu einer ´versöhnten Verschiedenheit´ führt", vgl. solche und ähnliche Aussagen unter: eg, S.255, Z.16ff

[167] eg S.89f, Z. 17ff

[168] vgl. eg S.90, Z.2d

Adressaten des Evangeliums"[169]. Und die Evangelisierung sei als Leistung zu verstehen, die „unentgeltlich" an diese Armen gerichtet sei.[170] Der Papst sieht somit ein „untrennbares Band zwischen unserem Glauben und den Armen"[171] sowie die Aufforderung „Lassen wir die Armen nie alleine!"[172].

Gegenwart und Herausforderungen der Gegenwart

Er sieht „einige gegenwärtige Situationen"[173], die „Prozesse einer Entmenschlichung auslösen"[174] könnten. Er möchte daher „klären", welche dieser Prozesse „dem Plan Gottes" schaden und welche dafür fruchtbar sein könnten.[175]

Den Erfolgen auf dem „Gebiet der Gesundheit, der Erziehung und der Kommunikation"[176] stellt Franziskus Unsicherheiten gegenüber: Der „größte Teil der Männer und Frauen unserer Zeit [lebe] in täglicher Unsicherheit"[177], die zudem „unheilvolle Konsequenzen"[178]

---

[169] eg S.90, Z.6f

[170] vgl. eg S.90, Z.7f

[171] eg S.90, Z.11f

[172] eg S.90, Z.12

[173] eg S.93, Z.4

[174] eg S.93, Z.5f

[175] vgl. Zitate und Inhalt eg S.93, Z.7ff

[176] eg, S.94, Z.8f

[177] eg, S.94, Z.10ff

[178] eg, S.94, Z.12

nach sich zögen. Er meint, dass „Pathologien", also Krankheiten, zunehmen würden, da „Angst und Verzweiflung […] das Herz vieler Menschen"[179] ergreifen würde: Lebensfreude würde erlischen, Respektlosigkeit und Gewalt die Oberhand gewinnen, zudem würde „die soziale Ungleichheit […] immer klarer zutage"[180] treten. Er sieht einen Kampf des Menschen in einem „oft wenig würdevoll[en]"[181] Leben. Er sieht eine „Art von Entfremdung, die uns alle"[182] treffen würde.

Und die Ursachen dafür? Franziskus sieht diesen „epochalen[n] Wandel"[183] als Folge „enorme[r] Sprünge, die in Bezug auf Qualität, Quantität, Schnelligkeit und Häufung im wissenschaftlichen Fortschritt sowie in den technologischen Neuerungen und ihren prompten Anwendungen in […] der Natur und des Lebens zu verzeichnen"[184] seien. Er erkennt neue „Formen einer anonyme[n] Macht", die als Quelle das „Zeitalter des Wissens und der Information" haben

---

[179] vgl. eg, S.94, Z.12ff

[180] eg, S.94, Z.16f

[181] eg, S.94, Z.18

[182] eg, S.230, Z.17

[183] eg, S.94, Z.19

[184] eg, S94, Z.20ff

würde.[185] Er sieht einen Zusammenhang zwischen „wirtschaftlich entwickelten, aber ethisch geschwächten Kulturen"[186].

Aber nicht nur das Wissen sei eine Herausforderung, sondern auch die Wirtschaft. Zudem die „Gesellschaft, die in ihren sozialen Organisationsformen, in Produktion und Konsum" die Bildung zwischenmenschlicher Solidarität erschweren würde.[187]

Konkret gegen das Wirtschaftssystem

Das Gebot „Du sollst nicht töten" würde den Wert des menschlichen Lebens sichern, wie Franziskus nochmals betont.[188] Wie er anmerkt, tötet eine Wirtschaft, die auf Trennung, Aussonderung und Ausschließung setze: Man müsse ein „Nein zu einer Wirtschaft der Ausschließung und der Disparität der Einkommen"[189] sagen. Und: „Diese Wirtschaft tötet"[190]. Um welche Wirtschaft handelt es sich aber? Hier gibt Franziskus Auskunft: Es ist eine Wirtschaft, die eine falsche Akzentuierung fördert. Bei dieser Wirtschaft würde „alles nach den Kriterien der Konkurrenzfähigkeit und nach dem

---

[185] beide Zitate aus: eg, S.95, Z.1ff

[186] eg, S.103, Z.20f

[187] vgl. direktes und indirektes Zitat unter: eg, S.230, Z.18ff

[188] vgl. eg, S.95, Z.5ff

[189] eg, S.95, Z.7ff

[190] eg, S.95, Z.9

Gesetz des Stärkeren"[191] ablaufen, „wo der Mächtigere den Schwächeren zunichte"[192] mache.

Franziskus sieht ja neue Formen einer anonymen Macht, deren Quellen das Zeitalter des Wissens und der Information seien.[193] Verbindet man nun diesen Machtgedanken mit den Vorstellungen über die „Mächtigen" innerhalb der Wirtschaft, so wird klar: Die Wirtschaft wird dominiert von einer neuen Form einer „sehr oft anonymen Macht"[194], die gemäß „dem Gesetz des Stärkeren"[195] die Mächtigen über die Schwächeren dominieren lasse.[196]

Es ist zudem eine Wirtschaft, die den Menschen „an sich [...] wie ein Konsumgut betrachtet, das man gebrauchen und wegwerfen"[197] könne.

Die Folgen dieser Wirtschaft, die Konsequenzen dieser Systematik, die „nach den Kriterien der Konkurrenzfähigkeit und nach dem Gesetz des Stärkeren"[198] ablaufe und von diesen neuen Formen einer anonymen Macht, die sich aus der Quelle des Zeitalters „des Wis-

---

[191] eg, S.95, Z.17f

[192] eg, S.95, Z.18f

[193] vgl. eg, S.95, Z.1ff

[194] eg, S.95, Z.3

[195] eg, S.95, Z.18

[196] vgl. diese Haltung nach eg, S.95, Z.16ff

[197] eg, S.95, Z.22ff

[198] eg, S.95, Z.17ff

sens und der Information"[199] speise, geleitet werde, sei eine Ausschließung und eine soziale Ungleichheit[200] des als Konsumgut betrachteten Menschen.

Ausschließung und soziale Ungleichheit

Dabei bezieht sich die Ausschließung auf diese falsche Akzentuierung, er nennt dafür ein Beispiel: Ein geringfügiger Rückgang der Börse – „eine Baisse um zwei Punkte"[201] – mache Schlagzeilen, während es kein Aufsehen errege, wenn ein alter Mann, der gezwungen sei, auf der Straße zu leben, erfriere[202]. Franziskus: „Das ist Ausschließung"[203].

Weiterer Kritikpunkt ist eine „soziale Ungleichheit"[204]: Es sei intolerabel, wenn Nahrungsmittel weggeworfen würden, während es Menschen geben würde, die Hunger litten.[205]

Die Folge dieser Ausschließung und sozialen Ungleichheit sei, dass „sich große Massen der Bevölkerung ausgeschlossen und an den

---

[199] eg, S.95, Z.1f
[200] vgl. eg, S.95, Z.13 und Z.16
[201] eg, S.95, Z.12
[202] vgl. eg. S.95, Z.10ff
[203] eg, S.95, Z.13
[204] eg, S.95, Z.16
[205] vgl. eg, S.95, Z.13ff

Rand gedrängt [sehen würden]: ohne Arbeit, ohne Aussichten, ohne Ausweg"[206].

Wodurch aber ist es zu einer solchen Wirtschaft gekommen, die den Menschen beispielsweise als ein Konsumgut betrachtet, welches als nützlich oder unnütz angesehen wird, welches ausbeutbar scheint, welches quasi weggeworfen und dadurch vernichtet, also getötet, werden kann? Der Papst merkt an, dass die Menschheit – „Wir"[207] – eine „Wegwerfkultur"[208] eingeführt hätten, „die sogar gefördert"[209] würde. Es ginge demnach „nicht mehr einfach um das Phänomen der Ausbeutung und der Unterdrückung, sondern um etwas Neues"[210]. Was ist nun dieses „Neue"?

Der Papst meint, dass durch die skizzierte Ausschließung, die das Wirtschaftssystem herbeiführe, die „Zugehörigkeit zu der Gesellschaft […] an ihrer Wurzel getroffen"[211] werde: Durch diese Ausschließung befinde „man sich nicht in der Unterschicht, am Rande oder gehört zu den Machtlosen"[212], sondern man stehe „draußen"[213].

---

[206] eg, S.95, Z.20ff
[207] eg, S.95, Z.24
[208] eg, S.95, Z.26f
[209] eg. S.95, Z.27
[210] eg, S.96, Z.1f
[211] eg. S.96, Z.3ff
[212] eg, S.96, Z.5ff
[213] eg, S.96, Z.7

Der draußen stehende Mensch, die „Ausgeschlossenen", seien demnach nicht etwa „Ausgebeutete", sondern diese seien „Müll", quasi
„Abfall".[214] Erziehung, der Zugang zum Gesundheitswesen und Arbeit seien zudem notwendig für eine existentielle Würde des Menschen.[215]

Nochmal rekapituliert: Franziskus meint, dass der als Konsumgut
betrachtete Mensch durch das Wirtschaftssystem, das durch neue
Formen anonymer Mächte geleitet wird, die sich aus den Quellen
des Wissens und der Information speisen, nicht nur in eine Position
gedrängt werden kann, die man als *nur* „sozial ungleich" im her-
kömmlichen Sinne oder „ausgebeutet" oder „unterdrückt" betrachtet.
Sondern die zu einem „Ausgeschlossen-sein" führen würden und zu
einer wirklichen „sozialen Ungleichheit", bei der die Menschen untereinander nicht mehr als „gleich menschlich betrachtet" angesehen
werden.

Gerade diese Abtrennung der einzelnen Menschen voneinander und
die Unterschiede der Wertigkeiten der Menschen innerhalb einer
kapitalistischen Logik und innerhalb einer Logik des Glaubens sind
so fundamental an der Kritik des Papstes. Natürlich wünscht sich der

---

[214] alle Zitate des Satzes unter: eg, S.96, Z.7f
[215] vgl. eg, S.226, Z.20ff

Papst demgegenüber eine „Gesamtheit der Menschen in einer Gesellschaft, die ein Gemeinwohl sucht, das wirklich alle"[216] einschließe. Dem Staat weist er eine Rolle zu, die „eine tiefe soziale Demut"[217] ausdrücke.

Der Planet gehöre der gesamten Menschheit, dessen Ressourcen seien für alle da, und zwar auch dann, wenn man „an einem Ort mit weniger Ressourcen oder einer niedrigeren Entwicklungsstufe geboren"[218] sei. Dass daher einige Menschen „weniger würdevoll leben" würden, sei nicht gerechtfertigt.[219] Die Folge aus der von Franziskus kritisierten „Ausschließung und die [der] soziale[n] Ungleichheit in der Gesellschaft und unter den verschiedenen Völkern"[220] stelle eine Form der Gewalt dar: Man beschuldige zwar die Armen der Gewalt[221], „aber ohne Chancengleichheit"[222] sei ein Ende der verschiedenen „Formen von Aggression und Krieg"[223] nicht möglich. Diese Gewalt würde „früher oder später" explodieren.[224] Eine „unbe-

---

[216] eg, S.260, Z.20f

[217] eg, S.263, Z.22

[218] eg, S.224, Z.22f

[219] vgl. eg, S.224f, Z.23ff

[220] eg, S.100, Z.17ff

[221] vgl. eg, S.100, Z.20f

[222] eg, S.100, Z.22

[223] eg, S.100, Z.23

[224] vgl. S.100,, Z.24f

schränkte Ruhe"[225] sei weder durch „politische[n] Programme, noch Ordnungskräfte oder *Intelligence*"[226] möglich, „[w]enn die lokale, nationale oder weltweite Gesellschaft einen Teil ihrer selbst in den Randgebieten seinem Schicksal"[227] überlasse.

Den Grund für diese Gefahr sieht Franziskus aber nicht nur durch gewaltsame Reaktionen der gesellschaftlich Ausgeschlossenen[228], sondern in dem vorherrschenden System selbst: [D]as gesellschaftliche und wirtschaftliche System [sei] an der Wurzel ungerecht"[229]. Der Papst geht sogar so weit, diese Ungerechtigkeit als das „Böse" zu bezeichnen, welches sich ausbereite und gesellschaftliche und soziale Grundlagen schädlich „aus den Angeln" hebe.[230] Dieses „Böse" niste sich „in den Strukturen" der Gesellschaft ein und töte, als „Potenzial der Auflösung und des Todes".[231] Dadurch sei „keine bessere Zukunft"[232] erwartbar.

---

[225] vgl. S.101, Z.4

[226] eg, S.101, Z.2f

[227] eg, S.100f, Z.25ff

[228] vgl. eg, S.101, Z.4ff

[229] eg, S.101, Z.7f

[230] vgl. S.101, Z.8ff

[231] vgl. auch die Zitate, unter: eg, S.101, Z.14ff

[232] eg, S.101, Z.18f

Fehlende Nahrung für einige Menschen und dadurch ausgelöster Hunger sei „auf die schlechte Verteilung der Güter und des Einkommens zurückzuführen".[233]

Zusammenhang Konsum und soziale Ungleichheit

Franziskus betont, dass „[d]ie Mechanismen der augenblicklichen Wirtschaft [...] eine Anheizung des Konsums"[234] befördere. In diesem Zusammenhang spricht er von einem „zügellosen Konsumismus"[235]. Dieser Konsumismus schädige – „gepaart mit der sozialen Ungleichheit [–] das soziale Gefüge doppelt"[236]. Die erzeugte soziale Ungleichheit erzeuge daher zusammen mit dem Konsumismus „früher oder später [...] Gewalt"[237]. An weiterer Stelle spricht er von einem „ungehemmten Konsumismus"[238]. So gerate der Mensch oftmals in „Verzückung angesichts der unermesslichen Möglichkeiten an Konsum und Zerstreuung, die diese Gesellschaft"[239] bieten würde.

---

[233] eg, S.226, Z.3ff

[234] eg, S.101, Z.24f

[235] eg, S.101, Z.26

[236] eg, S.101f, Z.26f

[237] eg, S.102, Z.3

[238] vgl. eg, S.112, Z.6f

[239] eg, S.230, Z.14ff

Geld und Einkommen

Papst Franziskus versucht, den Gründen nachzugehen, die zu dieser Kultur des Wohlstandes, die zu der Globalisierung der Gleichgültigkeit geführt haben. Er erkennt eine „Vorherrschaft" des Geldes „über uns und unsere Gesellschaften" und kritisiert die „Beziehung, die wir zum Geld hergestellt" hätten.[240]

Ursache dieser falschen Beziehung zum Geld liege in einer „anthropologischen Krise"[241]: „[D]ie Leugnung des Vorrangs des Menschen"[242].

Man habe „Götzen" erschaffen.[243] Es gebe einen „Fetischismus des Geldes"[244], eine „Diktatur einer Wirtschaft ohne Gesicht und ohne ein wirklich menschliches Ziel"[245], er erkennt also eine Inhumanität innerhalb dieser Wirtschaft.

Diesen „schweren Mangel an einer anthropologischen Orientierung"[246] und diese „Unausgeglichenheiten"[247] führten zu einer welt-

---

[240] alle Zitate des Satzes unter: eg, S.97, Z.11ff

[241] eg, S.97, Z.15

[242] eg, S.97, Z.15f

[243] vgl. eg, S.97, Z.16f

[244] eg, S.97, Z.19f

[245] eg, S.97, Z.20f

[246] eg, S.97, Z.14f

[247] eg, S.97, Z.23

weiten Krise, hier nennt Franziskus die Finanzkrisen ab 2008 indirekt als Beispiel.[248] Der Mangel reduziere den Menschen auf seine Konsumfunktion.[249]

Also: Der Papst benennt hier einen Hauptgrund dafür, dass der Mensch nur noch als Konsument empfunden wird. Das Wirtschaftssystem hat kein auf den Menschen gerichtetes Ziel (keine anthropologische Ausrichtung), sondern einen auf das Geld gerichteten Fetisch.

Das Einkommen „einiger weniger [steige] exponentiell"[250]. Die Mehrheit der Menschen entferne sich immer weiter „vom Wohlstand dieser glücklichen Minderheit"[251]. Der Papst benennt auch die Gründe, die seiner Ansicht nach zu dieser gesellschaftlichen Spreizung führen würden: „Dieses Ungleichgewicht [...gehe] auf Ideologien zurück, die die absolute Autonomie der Märkte und die Finanzspekulation verteidigen"[252] würden. Ganz klar benennt Franziskus also den Kapitalismus als wesentlichen Grund dieses gesellschaftlichen und dadurch auch sozialen Ungleichgewichts. Die Ungleichver-

---

[248] vgl. eg, S.97, Z.21ff
[249] vgl. eg, S.97f, Z.25ff
[250] eg, S.98, Z.3f
[251] eg, S.98, Z.5
[252] eg, S.98, Z.6ff

teilung der Einkünfte sei „die Wurzel der sozialen Übel"[253]. Von der Wurzel her könnten „die Probleme der Armen"[254] nur dann gelöst werden, wenn „auf die absolute Autonomie der Märkte und der Finanzspekulation verzichtet und die strukturellen Ursachen der Ungleichverteilung der Einkünfte in Angriff"[255] genommen werden würde. Konkret tritt der Papst für einen gerechten Lohn bei einer „freien, schöpferischen, mitverantwortlichen und solidarischen Arbeit"[256] ein, die er als Grundlage für ein würdevolles Leben ansieht. Er verlangt mehr „als das bloße Sozialhilfesystem"[257], er sieht eine Erfordernis von „Entscheidungen, Programme[n], Mechanismen und Prozesse[n], die […] spezifisch […] auf eine bessere Verteilung der Einkünfte, auf die Schaffung von Arbeitsmöglichkeiten und auf eine ganzheitliche Förderung der Armen"[258] ausgerichtet sein müssten.

Fundamental geht der Papst aber auch weiter, und zwar gegen Argumentationen, wie sie beispielsweise die Weltbank oder der Internationale Währungsfonds (IWF) auf Basis des westlichen Kapitalismus aufweisen, die als Gegenleistung für die Gewährung von Kredi-

---

[253] eg, S.237, Z.3

[254] eg, S.236, Z.17

[255] eg, S.236, Z.18ff

[256] eg, S.226, Z.14ff

[257] eg, S.238, Z.15

[258] eg, S.238, Z.10ff

ten harte Auflagen wie Einschnitte in das Sozialwesen usw. auferle-
gen. Diese autonomen Märkte und diese Finanzspekulation bestrit-
ten „das Kontrollrecht der Staaten"[259] in Bezug auf „den Schutz des
Gemeinwohls"[260]. Dies stelle „eine neue, unsichtbare, manchmal
virtuelle Tyrannei"[261] dar. Diese Tyrannei würde „einseitig und uner-
bittlich ihre Gesetze und ihre Regeln"[262] aufzwingen. Dass damit
wirklich gerade auch solche international agierenden Organisationen
und Handlungswerkzeuge wie die Weltbank oder der IWF gemeint
sind, wird zusätzlich deutlich, wenn der Papst gezielt die Schulden
der Länder und die darauf fälligen Zinszahlungen erwähnt, die dazu
führen würden, dass sich „die Länder von den praktikablen Möglichkeiten ihrer Wirtschaft und die Bürger von ihrer realen Kaufkraft"[263]
entfernen würden. Dies könnte auf einen weit verbreiteten Vorwurf
an die internationalen Kapitalgeber wie Weltbank und IWF eingehen, deren Bestreben es ist, dass Länder in einem internationalen
Währungssystem eingegliedert sind und alles dafür tun sollen, um in
diesem verbleiben zu können. Und zwar deshalb, um für internationale Kreditgeber interessant und als Kreditnehmer weiterhin auftreten zu können. Demgegenüber können Länder, die aus solchen

---

[259] eg, S.98, Z.8f

[260] eg, S.98, Z.9f

[261] eg, S.98, Z.10f

[262] eg, S.98, Z.11f

[263] eg, S.98, Z.14f

Währungsmechanismen austreten, ihre eigene Währung auflegen (wie vielleicht Griechenland es in Europa ohne den Euro tun könnte), oder die eigene Währung massiv abwerten (wie es Argentinien tat im neuen Jahrtausend[264]) mit dem Ziel, die Abhängigkeiten gegenüber anderen Ländern oder Institutionen zu verringern und die realen inneren wirtschaftlichen Verhältnisse abzubilden. So wird durch eine Währungsabwertung die Binnenwirtschaft an sich nicht verschlechtert, sondern zu leiden hat der Export oder haben jene Menschen, die viel besitzen und diesen Besitz ins Ausland verlagert haben.

Darüber hinaus kommen nach Franziskus zu diesem Ungleichgewicht, das durch die Ideologien des Kapitalismus (absolute Autonomie der Märkte, Finanzspekulation) ausgelöst wird[265], noch eine „verzweigte Korruption und eine egoistische Steuerhinterziehung […], die weltweite Dimension angenommen"[266] habe. Auch diese Korruption und diese Steuerhinterziehung als Ausdruck dafür, sich der Solidarität gegenüber der Gemeinschaft zu entziehen, bezeichnet

---

[264] vgl. bspw. Artikel Carl Moses. „Staatsbankrott. Das Beispiel Argentinien", in der FAZ Online, 24.03.2010, unter:

http://www.faz.net/aktuell/wirtschaft/staatsbankrott-das-beispiel-argentinien-1955217.html

[265] vgl. eg, S.98, Z.6ff

[266] eg, S.98, Z.16ff

er als „Gier nach Macht und Besitz"[267]. Diese Gier sei grenzenlos.[268] Dass dies wirklich der Kapitalismus ist, den er im Blick hat, wird weiterhin verdeutlicht, wenn er von „diesem System, das dazu neigt, alles aufzusaugen, um den Nutzen zu steigern"[269], spricht. Und dann: Dem „vergötterten Markt"[270] und dessen Interessen, „die zur absoluten Regel"[271] würden, stehe „alles Schwache wie die Umwelt wehrlos gegenüber"[272].

Sozialer Friede

Sozialen Frieden definiert Franziskus nicht lediglich als „bloße Abwesenheit von Gewalt [...], die durch die Herrschaft eines Teils der Gesellschaft über die anderen erreicht"[273] würde. Daher plädiert der Papst für eine permanente Forderung nach „sozialen Forderungen" im Sinne der Armen, auch wenn dadurch ein „oberflächlicher Friede für eine glückliche Minderheit" gefährdet würde.[274] Ihm geht es darum, dass „[d]ie Würde des Menschen und das Gemeingut"[275] mehr

---

[267] eg, S.98, Z.18f

[268] vgl. eg, S.98, Z.19

[269] eg, S.98, Z.19ff

[270] vgl. eg, S.98, Z.22f

[271] eg, S.98, Z.23

[272] eg, S.98, Z.21f

[273] eg, S.247, Z.8ff

[274] vgl. diesen Gedankengang unter: S.247, Z.16ff

[275] eg, S.247, Z.23

gelten würden „als das Wohlbefinden einiger, die nicht auf ihre Privilegien verzichten"[276] wollten.

Ein Friede, so Franziskus, der in einem bloßen Schweigen der Waffen oder einem „immer schwankenden Gleichgewicht der Kräfte"[277] liege und nicht eine „vollkommenere Gerechtigkeit unter den Menschen"[278] beabsichtige, sei sinnlos.

Ethik und Haltungsethik

Interessanterweise vollzieht Papst Franziskus auch einen gedanklichen Unterschied zwischen einer *Ethik* und einer *Haltungsethik* als vorgefertigte, im Normalfall unreflektiert übernommene, da bereits präsentierte Handlungsvorgabe – er verwendet nicht den Begriff „Haltungsethik", sondern schreibt von „ideologisierte[r] Ethik"[279]: Er vermerkt, dass hinter der Haltung eines Nutzwertsystems, das die vergötterten Marktinteressen in den Vordergrund stellt, eine „Ablehnung der Ethik"[280] stehe. Zudem eine „Ablehnung Gottes"[281]. Es sei heutzutage „lästig, wenn man von Ethik"[282] spreche.

---

[276] eg, S.248, Z.1f

[277] eg, S.248, Z.5f

[278] eg, S.248, Z.8f

[279] vgl. eg. S.99, Z.16f

[280] eg, S.99, Z.2f

[281] eg. S.99, Z.3

[282] eg, S.237, Z.11

Franziskus: Die Ethik werde „gewöhnlich mit einer gewissen spöttischen Verachtung betrachtet"[283]. Sie würde das Geld und die Macht relativieren und dadurch „als kontraproduktiv und zu menschlich angesehen"[284]. Man empfinde die Ethik als „eine Bedrohung"[285]: Dies deshalb, weil eine Ethik, wie Franziskus sie zu verstehen scheint, „die Manipulierung und die Degradierung der Person"[286] verurteile. Und dann: Die von ihm gemeinte Ethik verweise „auf einen Gott, der eine verbindliche Antwort"[287] erwarte. Eine Antwort, „die außerhalb der Kategorien des Marktes"[288] stünde. Für diese sei „Gott unkontrollierbar, nicht manipulierbar und sogar gefährlich, da er den Menschen zu seiner vollen Verwirklichung [...rufe] und zur Unabhängigkeit von jeder Art von Unterjochung"[289]. Dabei erreiche „eine nicht ideologisierte Ethik [...] ein Gleichgewicht und eine menschlichere Gesellschaftsordnung"[290].

---

[283] eg, S.99, Z.4f

[284] eg, S.99, Z.5f

[285] eg, S.99, Z.7f

[286] eg, S.99, Z.8f

[287] eg, S.99, Z.10

[288] eg, S.999, Z.11

[289] eg, S.99, Z.13ff

[290] eg, S.99, Z.16ff

Was folgt, ist ein Aufruf an die „Finanzexperten und die Regieren-
den der verschiedenen Länder"[291]: Teile man die eigenen Güter nicht
mit den Armen, so bedeute dies, „diese zu bestehlen und ihnen das
Leben zu entziehen"[292]. Der private Besitz von Gütern rechtfertige
sich dadurch, dass man sie so hüten und mehren müsse, dass sie dem
Gemeinwohl besser dienen könnten.[293]

Indirekt plädiert Franziskus daher für eine „Finanzreform, welche
die Ethik nicht"[294] ignoriere: Diese müsse auf Basis einer unideologi-
sierten Ethik vollzogen werden – also durch eine Nichtbeachtung
üblicher Haltungsethiken, die „einen energischen Wandel der
Grundeinstellung der politischen Führungskräfte erfordern"[295] würde. Das Ziel? Das Geld müsse „dienen und nicht regieren"[296]. Reiche
müssten „den Armen helfen, sie achten und fördern"[297]. Der Mensch
müsse zu einer „uneigennützigen Solidarität"[298] zurückkehren und zu

---

[291] eg, S.99, Z.19f
[292] eg. S.99, Z.22f
[293] vgl. eg, S.223, Z.20ff
[294] eg, S.100, Z.1f
[295] eg, S.100, Z.2f
[296] eg. S.100, Z.7
[297] eg, S.100, Z.9f
[298] eg, S.100, Z.11

einer wirtschaftlichen Systematik und einem Finanzleben auf Basis „einer Ethik zugunsten des Menschen"[299].

Franziskus sieht aber nicht ein „Fehlen" einer Ethik, was ja theoretisch nicht möglich ist, sondern er erkennt eine Ethik der Menschen – „als Kinder unserer Zeit [seien wir] alle irgendwie unter dem Einfluss der gegenwärtigen globalisierten Kultur"[300] –, die eine bestimmte Art von Werten und Möglichkeiten offeriere, die „uns [...] einschränken, beeinflussen und sogar krank machen kann"[301]. Dass die Menschen dabei die auftretenden Probleme nicht lokal, sondern global lösen müssen, ist ihm durchaus bewusst.[302]

Die Schuldfrage eigenen Übels, d.h. die Urheberschaft sozialer Ungleichheit und Camus Haltungsethik

Der Papst ist der Ansicht – und dies scheint durchaus bemerkenswert zu sein –, dass „einige [...] die Armen und die armen Länder" beschuldigen würden, für das eigene Übel selbst schuld zu sein[303]: Diese Beschuldigungen würden mit „ungebührlichen Verallgemeinerungen"[304] vonstatten gehen. Konkret nennt Franziskus aber keine

---

[299] eg, S.100, Z.12f

[300] eg, S.118, Z.1ff

[301] eg, S.118, Z.4f

[302] vgl. bspw. eg, S.240, Z.9ff

[303] vgl. Gedankengang, auch Zitat: eg, S.102, Z.9ff

[304] eg, S.102, Z.10f

Namen dieser „einige". Er merkt aber an, dass diese „einige" sich einbilden würden, „die Lösung [des eigenen Übels der Armen] in einer ´Erziehung´ zu finden"[305] mit dem Ziel, diese Armen zu beruhigen „und in gezähmte, harmlose Wesen"[306] zu verwandeln. Hier erkennt man wieder den Zusammenhang mit Camus Haltungsethik, die der Papst fundamental kritisiert: Eine angelernte Haltung – durch Erziehung sublimiert und legitimiert –, die die eigene Situation als eigenes Übels anerkennen und annehmen, die einen beruhigen soll, die einen zähmt und in harmlose Wesen verwandelt. Er bemängelt damit eine Position, die Kämpfe – auch wenn der Papst dies nicht *expressis verbis* sagt – gerne in den inneren, privaten Bereich verlagern möchte. Denn das Oberhaupt der katholischen Kirche sieht etwas im Inneren wachsen, dass er als Krebs bezeichnet und sich nach Außen in Korruption äußert.[307]

„In der herrschenden Kultur", so Franziskus, sei „der erste Platz" von dem besetzt, „was äußerlich, unmittelbar, sichtbar, schnell, oberflächlich und provisorisch" sei[308]. Also von etwas, was nicht hinterfragt wird: „Das Wirkliche mache dem Anschein Platz.[309]

---

[305] eg, S.102, Z.12

[306] eg, S.102, Z.13

[307] eg, S.102, Z.14ff

[308] vgl. alle Zitate des Satzes unter: eg, S.103, Z.15ff

[309] vgl. S.103, Z.17f

Säkularisierung und Camus

Der Säkularisierungsprozess neige dazu, „den Glauben und die Kirche auf den privaten, ganz persönlichen Bereich zu beschränken"[310]. Er sieht zudem eine „zunehmende ethische Deformation"[311] aufgrund „der Leugnung jeglicher Transzendenz"[312], ganz so, wie Camus es sich wünscht. Nach Camus ist Transzendenz völlig obsolet. Im Gegensatz zu dem französischen Philosophen aber erkennt Franziskus die dadurch entstehende Gefahr einer „Orientierungslosigkeit"[313]. Diese fehlende Orientierung könne beispielsweise die Kirche dadurch verhindern, indem sie „objektive[r], für alle geltende[r] moralische[r] Normen"[314] propagieren würde, die sie „erkennt", d.h. deren Existenz die Kirche als gegeben feststellt.[315] Ganz so, als würde Franziskus Camus Position erwidern, sieht er in dem Gegenargument in Bezug auf transzendental hergeleitete Rechte – diese seien ungerecht und nicht mit den menschlichen Grundrechten ver-

---

[310] eg, S.105, Z.22ff

[311] eg, S.105, Z.25f

[312] eg. Sz.105, Z.24f

[313] eg, S.106, Z.3

[314] eg, S.106, Z.6f

[315] vgl. S.106, Z.6ff

einbar[316] – einen moralischen Relativismus „mit einem Vertrauen auf die absoluten Rechte des Einzelnen"[317].

Erziehung und kritische Ethik

Franziskus wünscht sich eine Erziehung, „die ein kritisches Denken lehrt und einen weg der Reifung in den Werten bietet"[318]. Dass der Mensch also kein vorgefertigtes ethisches Konstrukt übernimmt, sondern die Werte in einem kritischen Denkprozess entwickelt. Also auch hier eine fundamental entgegengesetzte Position zu einer ideologisierten Ethik, als Haltungsethik verstanden. Er sieht diejenigen, die „einer individualistischen, gleichgültigen und egoistischen Mentalität" nachgingen als Sklaven[319], die sich befreien und zu einem Denken gelangen müssten, welches „menschlicher, edler und fruchtbarer" sowie würdevoller sei.[320]

Gegen Camus

„Das Übel" der Welt, so Franziskus, dürfe „niemals Entschuldigung[en] sein", um den Einsatz des Menschen und den Eifer zu verringern, diesem Übel entgegenzutreten.[321] Der Mensch solle also

---

[316] vgl. eg, S106, Z.9ff
[317] vgl. eg, S.106, Z.12ff
[318] eg, S.106, Z.22ff
[319] vgl., auch Zitat, unter: eg, S.241, Z.9ff
[320] vgl. auch Zitat, unter: S. 241, Z.12ff
[321] vgl. Gedanke und Zitate unter: eg, S.124, Z.3ff

dem, was sich ihm als Übel anbiete, entgegentreten und dieses als „Herausforderung[en]" betrachten, „um zu wachsen", nicht verdrängen oder als Gegeben hinnehmen.[322] Ein anderes Bild von Franziskus verdeutlicht dies: Der Mensch müsse „den Wein erahnen, in den das Wasser verwandelt werden" könne sowie den „Weizen entdecken, der zwischen Unkraut" wachse.[323] Zwar bezieht er dies vor allem auf den Glauben, aber er verdeutlicht, dass der Mensch auch nach dem „Dahinterliegenden" suchen solle, was fundamental gegen Camus Haltungsethik spricht.

Und weiter: Man solle nicht der „Versuchung" erliegen, den Eifer und Wagemut zu ersticken und einem „Gefühl der Niederlage" nachzugeben, welches „uns in unzufriedene und ernüchterte Pessimisten mit düsterem Gesicht"[324] verwandele. Auch wenn Camus gedanklich aus einem ernüchterten Pessimisten samt seiner Niederlage einen künstlichen Sieg auf Basis einer Ergebenheit in das eigene Schicksal macht, so bleibt der Mensch doch das auf sich selbst zurückgeworfene, enttäuschte und niedergeschlagene Wesen. Es ist bemerkenswert, dass Franziskus den bei Camus verlorenen Kampf (auch wenn dieser in einen künstlichen Sieg in Sinnlosigkeit umgemünzt wird) optimistisch betrachtet: Niemand könne einen Kampf

---

[322] vgl. Zitat unter: eg, S.124, Z.6ff

[323] vgl., teilweise auch Zitate, unter: eg, S.124, Z.12ff

[324] alle Zitate des Satzes unter: eg, S.125, Z.16ff

aufnehmen, „wenn er im Voraus nicht voll auf den Sieg"[325] vertraue,
ohne Zuversicht beginne und dadurch „die eigenen Talente" vergra-
be, also einen Teil seines Menschseins dadurch verdränge[326]. Auch
im schmerzlichen Angesicht der eigenen Schwäche[327] dürfe man sich
nicht geschlagen geben und „vorangehen". Das dem Menschen auf-
erlegte Kreuz, dass er „mit einem kämpferischen Sanftmut gegen die
Angriffe des Bösen" tragen müsse, unterscheidet sich aber vom den
Felsblock bei Camus, den er den Berg hinaufschieben muss als Last
seines Daseins – denn das Kreuz der Kirche sei der Sieg nicht nur
gegen das Böse, sondern gegen ein ängstliches, egozentrisches Miss-
trauen.[328]

Der Papst wendet sich an anderer Stelle gegen eine Flucht „in ein
bequemes Privatleben oder in den engen Kreis der Vertrautesten"[329].
Auch wenn er dies vor allem mit der Verkündigung des Glaubens
und dessen sozialer Dimension erwähnt[330], ist hier klar eine Gegenposition zu Camus ableitbar. An anderer Stelle spricht er von einer
„falschen Autonomie"[331] des Menschen, die mit einem „krankhaften

---

[325] eg, S.125, Z.18f

[326] vgl. eg, S.125, Z.19f

[327] vgl. S.125, Z.21ff

[328] direkte und indirekte Zitate unter: eg, S.126, Z.3ff

[329] eg, S.129, Z.2

[330] vgl. S.129, Z.3f

[331] eg, S.129, Z.30

Individualismus"[332] korrespondiere. Dass er sich gegen Abschot-
tungstendenzen und fehlende Transzendenz ausspricht, erkennt man
auch daran, dass er es als Herausforderung bezeichnet, einer „persönlichen und engagierten Beziehung zu Gott"[333] nicht auszuweichen.
Bemerkenswert auch seine Aussagen zu einer von ihm scheinbar
abgelehnten Form der Weltlichkeit auf Basis einer „Faszination
[...für den] Gnostizismus"[334] als ein im Subjektivismus eingeschlos-
sener Glaube.[335] Interessant in diesem Zusammenhang ist der Aspekt, dass Franziskus keinen „Trost und [kein] Licht"[336], also keine
Sinnhaftigkeit, erkennen kann, da das Subjekt „letztlich in der Im-
manenz seiner eigenen Vernunft oder seiner Gefühle eingeschlos-
sen"[337] bliebe. Ein Eingeschlossen-sein, die an die Zurückgeworfen-
heit des Menschen auf sich selbst bei Camus erinnert.
Zudem bemängelt er, dass es Menschen gebe, die selbstbezogen
seien und einen „prometheische[n] Neu-Pelagianismus"[338] als Teil
einer Art Selbsterlösungsfähigkeit und -möglichkeit des Menschen
aufweisen würden. Auch wenn hier natürlich der Gottesgedanke

---

[332] eg, S.129, Z.26

[333] eg, S.131, Z.5f

[334] eg. S.134, Z.3

[335] vgl. indirektes Zitat und Gedanke unter: eg, S.134, Z.3f

[336] eg, S.134, Z.7

[337] eg, S.134, Z.8f

[338] eg, S.134, Z.10f

immer noch präsent wirkt, so fällt bei Franziskus aber die Kritik an einer „vermeintlich doktrinelle[n] oder disziplinarische[n] Sicherheit"[339] auf, die zu einem „narzisstischen und autoritären Elitebewusstsein"[340] führe. Denn hier erkennt er das fehlende Interesse sowohl für Jesus als auch für den Menschen an sich, als Teil der Schöpfung Gottes verstanden.[341] Für ihn sind es „Erscheinungen eines anthropozentrischen Immanentismus"[342]. Von auf sich bezogene, glückliche Menschen á la Camus etwa, die ohne transzendentale Ausrichtung Erfüllung und Sinn im Dasein finden und keinerlei wirkliches Interesse an Dingen außerhalb der eigenen Wahrnehmungswelt entwickeln? Franziskus sieht in einem solchen Immanentismus „Energien im Kontrollierten verbraucht"[343]. Um was geht es also dem Papst in seinem Kern? Natürlich um eine vermeintliche Weltlichkeit des Menschen[344], die er kritisch betrachtet. Die Folgen des Krieges und der Gewalt durch einen solchen „verbreiteten Individualismus" verletze die Welt, trenne die Menschen und stelle diese gegeneinander, wobei jeder seinem eigenen Wohlstand nachjage.[345]

---

[339] eg, S.134, Z.15f

[340] eg, S.134, Z.17f

[341] vgl. S.134, Z.21f

[342] eg, S.134, Z.23f

[343] eg, S.134, Z.20f

[344] vgl. bspw. eg, S.135, Z.1ff

[345] vgl. diesen Gedankengang und auch das Zitat unter: eg, S.138, Z.10ff

Ein interessanter Gedanke bei Franziskus stellt sich ebenfalls als Frontalangriff gegen Camus´ Lebensperspektive heraus: Der katholische Oberhirte meint, dass die „Wirklichkeit [...] über der Idee"[346] stehe. Ihm kommt es darauf an, dass man die Wirklichkeit nicht verschleiern dürfe bzw. Formen der Verschleierung der Wirklichkeit vermeiden solle[347]. Er nennt Beispiele solcher Verschleierungen wie „die Totalitarismen des Relativen"[348], „die mehr formalen als realen Projekte"[349], aber auch „Intellektualismen ohne Weisheit"[350], also rein geistige Vernunftgebilde, die scheinbar erfahrungslos und ohne über das Ersichtliche hinaus gehend wirken würden. So ruft eine „von der Wirklichkeit losgelöste Idee [...] wirkungslose Idealismen und Nominalismen"[351] hervor, die zudem „kein persönliches Engagement"[352] beinhalte. Wie kann, so könnte man Camus fragen, eine ersichtliche Sinnlosigkeit im Dasein des Menschen gerade nicht dazu führen, diese Tatsache und Beobachtung in die eigenen Überlegungen mit einzubeziehen und nach einer transzendentalen Kraft zu fragen und – quasi losgelöst von der Wirklichkeit als bloßer Idee – wie kann

---

[346] eg, S.256, Z.12

[347] vgl. eg, S.256, Z.12ff

[348] eg, S.256, Z.14f

[349] eg, S.256, Z.16f

[350] eg, S.256, Z.18f

[351] eg, S.257, Z.1f

[352] eg, S.257, Z.3f

man den Menschen und seine Situation auf sich selbst reduzieren und auf eigentliche Selbstzentrierung?

Man arbeite zwar ganz im Kleinen, „mit dem, was in der Nähe ist, jedoch mit einer weiteren [also weitergehenderen] Perspektive"[353]. Im Zusammenhang mit einer fehlenden („Mangel"[354]) Spiritualität vieler Menschen fasst Franziskus eigentlich die Perspektive des Menschen gemäß Camus zusammen: Manche Menschen seien der Ansicht – bei Franziskus in Bezug auf die kirchliche Mission betrachtet –, dass nichts verändert werden könne. Ihnen wäre dann jegliche Anstrengung sinnlos.[355] Weshalb solle man auf „Annehmlichkeiten und Vergnügen"[356] – bei Franziskus ist dies ja der Konsumrausch individualistischer und egoistischer Ausprägung – verzichten, wenn man „kein bedeutendes Ergebnis sehen werde"[357], bedeutet: nichts richtig bewegen, verändern, keinen neuen Status quo erreichen könne? Diese Haltung sei bequem, faul, unbefriedigend und selbstsüchtig und erzeuge Traurigkeit und Leere.[358] Und sei selbstzerstörerisch, da „der Mensch [...] nicht ohne Hoffnung

---

[353] eg, S.259, Z.23f

[354] eg, S.294, Z.15

[355] vgl. eg, S.294, Z.20

[356] eg, S.294, Z.21f

[357] eg, S.294, Z.22f

[358] vgl. eg, S.294f, Z.24ff

leben"[359] könne. Im Gegensatz zu der Hoffnung bei Camus betrachtet Franziskus die selbe Ausgangslage aus einer anderen, einer hoffnungsvolleren und auf Transzendenz angelegten Perspektive und das Handeln und Denken des Menschen ist auf ein hoffnungsvolles Außen gerichtet sowie auf andere Menschen. Alles andere, wie Franziskus anmerkt, „wäre zur Bedeutungslosigkeit [im Leben] verurteilt und würde unerträglich"[360]. Ist bei Camus die Annahme der unveränderlichen Situation der Triumph und die Genugtuung des Menschen, so sieht der Papst den Triumph darin, gerade eine solche Resignation und einen solchen Pseudotriumph zu vermeiden bzw. zu bekämpfen und sich der Wirklichkeit zu stellen und diese auf andere (natürlich vor dem Hintergrund eines wirkenden Gottes) zu vollziehen.

Eingehen auf mögliche Kritik im Vorfeld

Gleich im Text – und damit wesentlich vorgreifend auf die zahlreichen Kritiken an dem Lehrschreiben nach dessen Veröffentlichung – geht Franziskus auf das Argument ein, dass ja „jedes vom freien Markt begünstigte Wirtschaftswachstum von sich aus eine größere Gleichheit und soziale Einbindung in der Welt hervorzurufen"[361] vermöge. Zuerst betont Franziskus, dass dieser Ansatz „nie von den

---

[359] eg, S.295, Z.4
[360] eg, S.295, Z.5f
[361] eg, S.96, Z.11ff

Fakten bestätigt"[362] worden sei. Zudem zeige der Faktor Zeit, dass dieser Ansatz nicht richtig sein könne: Die Ausgeschlossenen würden weiter *warten*, während „diese Ansicht [...] ein undifferenziertes, naives Vertrauen auf die Güter derer aus[drücken würde], die die wirtschaftliche Macht in Händen halten [würden], wie auch auf die sakralisierten Mechanismen des herrschenden Wirtschaftssystems"[363]. Vertreter dieser Position würden einem „egoistische[m] Ideal"[364] begeistert folgen.

Und nun führt der Papst eine Idee ein, die zu Camus Lebensperspektive des Menschen in kapitalistisch inspirierten Systemen führt: Dieser, einem egoistischen Ideal folgende Lebensstil, „der die anderen" ausschließe, habe sich zu einer „Globalisierung der Gleichgültigkeit"[365] entwickelt. Die Kennzeichen dieser Globalisierung der Gleichgültigkeit seien

- die Unfähigkeit, „Mitleid zu empfinden gegenüber dem schmerzvollen Aufschrei der anderen"[366].

---

[362] eg. S.96, Z.14f
[363] eg. S.96, Z.14ff
[364] eg. S.96, Z.21
[365] vgl. Zitat im Satz unter: eg, S.96, Z.20ff
[366] eg. S.96, Z.14f

Man weine „nicht mehr angesichts des Dramas der anderen"[367].
Auch sei man nicht „daran interessiert, uns um sie zu kümmern, als
sei all das eine uns fern liegende Verantwortung, die uns nichts"[368]
anginge. Eine „Kultur des Wohlstands" würde die Menschen betäu-
ben.[369] Kennzeichen dieser Kultur sei, dass man eine innere Unruhe
bekomme, wenn man am Markt nicht als schneller Konsument auftreten könne („wenn der Markt etwas anbietet, was wir noch nicht
gekauft haben"[370]). Und *gleichzeitig* würden uns die Schicksale der
Ausgeschlossenen als „ein bloßes Schauspiel erscheinen, das uns in
keiner Weise"[371] erschüttere.

Zusammenfassung: Die Kritikkreise der Aussagen des Papstes in
Bezug auf Kapitalismuskritik und in Bezug auf eine Haltungs-
ethik des Kapitalismus

Was man bei allen diesen Aussagen des Papstes also eindeutig sehen
kann: Das Lehrschreiben ist eindeutig eine Kritik des Papstes an der
Substanz des Kapitalismus. An einer *ideologisierten Ethik* oder *Hal-*
tungsethik, die dem Kapitalismus Vorschub leistet und deren Ele-
mente man bei Camus´ Lebensperspektive findet. Vor allem die

---

[367] eg, S.96, Z.26
[368] eg. S.97, Z.1ff
[369] vgl. Zitat unter: eg, S.97, Z.3
[370] eg, S.97, Z.4f
[371] eg. S.97, Z.8f

folgenden Kernbereiche seiner Kritik sollen hier nochmals kurz erwähnt werden.

Der intentionale Potential-Kern der Aussagen des Papstes

Der Papst hat mehrere *Kritikkreise*, die man erkennen kann.

a. Zum einen handelt es sich im Text um **Frontalangriffe** und direkt gegen das „vorherrschende Wirtschaftssystem"[372] gerichtete Kritiken: Am vergötterten Markt, an der Diktatur der Wirtschaft, an der Wegwerfkultur, an (Kinder-) Prostitution, an Kinderarbeit, an sinnlosen Vergnügungsangeboten, an ungleichem Lohn, an der alltäglichen finanziellen Unsicherheit eines großen Teils der Weltbevölkerung, an dem Finanzkapitalismus, an der Geldgier, an Korruption, an Institutionen wie dem Internationalen Währungsfonds, an Steuerhinterzieher als Sozialschmarotzer usw.

b. Zum anderen greift der Papst **dahinterliegende Mechanismen** und Vorgänge an, es ist eine Kritik an der Haltung, die dem Kapitalismus inne wohnt: Er bemängelt das *Phänomen des Ausbeuterischen*, ihm missfällt, dass das *Geld wie ein Fetisch gottgleich betrachtet* wird, er kritisiert die *Vorstellung von*

---

[372] eg, S.96, Z.18

Arm und Reich, die sich nur an finanziellen, nicht an geisti-
gem Vermögen orientiert und auch nicht daran, ob jemand
arm oder reich im Verhältnis zu einem postulierten Gott ist.
Er sieht eine *ethisch geschwächte Kultur,* ein *Gesetz des Stärke-
ren,* wo der Mächtigere den Schwächeren zunichte macht.
Er kritisiert eine *falsche Akzentuierung im Handeln* des Men-
schen. Auch missfällt ihm der Mechanismus, dass der
Mensch wie ein Konsumgut betrachtet wird und der *soziale
Friede eine geringere Rolle* spielt, da der derzeitige soziale
Friede ein brüchiger Pseudofrieden darstellt.

c. Darüber hinaus kritisiert Papst Franziskus die Folgen einer
Haltung eines Teils der Menschheit, die Denkformen, die
einer solchen Wirtschaftssystematik Vorschub leisten (und
umgekehrt) und Haltungen offenbaren, die der Logik des
Kapitalismus folgen: Der *Mensch werde sozial ausgegrenzt und
dadurch in seinem Menschsein getötet,* der Mensch gerate in
*Mittäterschaft bei Phänomenen dieser Unterdrückung und Aus-
grenzung,* der Mensch gerate in einen *hedonistischen, heidnischen Individualismus,* wodurch er einen Teil seiner Gefühls-
welten verliert. Ihm gefällt die *Oberflächlichkeit* nicht, die *ab-
geschottete Geisteshaltung,* die *Selbstbezogenheit.* Er beklagt
den eingetretenen *Zerfall menschlicher Bindungen* (gerade innerhalb von Familien), die *fehlende Solidarität* der Menschen

untereinander, das *fehlende Mitgefühl*. Sogar eine Art *Entmenschlichung*, die von *erloschener Lebensfreude, Respektlosigkeit* und *Gewalt* flankiert wird, spricht er an. Er sieht die *Würde des Menschen* missachtet.

Vergleicht man nun diese Aussagen (und die weiteren, im Text genannten), so ergibt sich eine verblüffende Ähnlichkeit mit den Kritiken, die Kapitalismusgegner an diesem Wirtschaftssystem vorbringen. Mehr noch: Der Papst selbst stellt Überlegungen zu einer Ethik und Haltungsethik (als einer ideologisierten Ethik, siehe dazu seine Ausführungen, die in diesem Kapitel dargestellt sind) auf und kritisiert die Haltung eines Nutzwertsystems, dass Marktinteressen in den Vordergrund stellt, diese vergöttert und eine eigentliche, eine reflektierende Ethik ablehnt. Für ihn ist zudem eine Ethik immer mit einer objektiven, vom Menschen unabhängigen Instanz verknüpft – in seinem Falle ist dies Gott, der den Menschen in seinem Verhalten beobachtet und beurteilt.

Gleichzeitig ist dies aber auch ein Plädoyer gegen Untätigkeit und gegen eine Art Ergebenheit in das eigene Schicksal: Die Lebenshaltung eines Camus, die dem Kapitalismus zupasskommt, hat bei Franziskus keinen Platz. Hier ist keine leidenschaftliche Illusionslosigkeit, kein sinnfreies Tun vorhanden, er tritt für Gemeinschaft mit Gott, für eine Gemeinschaft der Menschen, für Mitgefühl, Respekt und Aufgeschlossenheit ein. Im Gegensatz zu Camus will er eine Stärkung der Ausrichtung auch auf das Jenseitige und es nicht einfach ignorieren. Und sicherlich in keinem Falle die vorherrschenden Strukturen akzeptieren, im Gegenteil: Das Lehrschreiben ist ein *Plädoyer für Veränderung und eine Revolution.* Eine Revolte nicht nur im Innern, sondern im Inneren *und* Äußeren der Menschen, er will keinen nur inneren Widerstand, der Bestehendes nicht anrührt, er will, dass die Menschen in Kontakt zueinander und miteinander kommen und füreinander eintreten – emotional, aber auch finanziell. Und der Mensch ist bei Franziskus nie der ausgegrenzte, der auf sich allein gestellte, nie der Ich-Mensch, sondern immer bereits in Gemeinschaft mit anderen, auch wenn er nicht immer offen dafür scheint, aber die Gemeinschaft, in der Franziskus die Menschen sieht, ist offen für auch verschlossene Gemüter. Damit ist Solidarität nicht eine Solidarität im Leiden und in der Erkenntnis, dass sich alle Menschen in einer bestimmten leidvollen Lebenssituation befinden, sondern sowohl konkrete als auch geistige Solidarität untereinander.

Keine Götter haben den Menschen bei Franziskus als Arbeiter oder als globales Kind zu etwas verurteilt, das Sein an sich hat mit dem von Menschen geschaffenen System nichts zu tun, im Gegensatz zu der Strafe, der sich Sisyphos unterworfen hat, gibt es auch Alternativpotentiale. Das kapitalistische System ist von Menschen gemacht, von keiner höheren Macht, dies beschreibt der Papst durchgehend

und auf viele konkrete Aspekte bezogen: Wollen die Götter bei Sisyphos gerade, dass er in Wut, Trauer und Sinnlosigkeit leidet, so wollen die Macher dieses menschlichen Systems „Kapitalismus" gerade
nicht diese Wut und Trauer, die zu dem Wunsch führen könnte, das
System zu verändern. Diese Macher wollen gerade, dass Pseudo-
Sinnhaftigkeit entwickelt wird (durch Spiele, durch Ersatzhandlun-
gen, die aber in das System integriert sind, usw.). Aber eines wollen
sie ebenso wie Sisyphos und Camus: Die vielleicht unangenehmen
Realitäten ignorieren und sich ihre eigenen Realitäten erschaffen.
Und dem tritt der Papst entgegen: Keine Haltung der Akzeptanz des
Unheils und der falschen Götter oder falschen Versprechungen
durch Abkehr von den realen Gegebenheiten, er will, dass der
Mensch hinsieht, sich diesen falschen Grundhaltungen, sich diesen
ideologisierten Ethiken bewusst wird und zu einer Ethik zurück-
kehrt, die infrage stellt, die zu Veränderungen führen kann, die den
Menschen nicht verschließt und verkapselt, sondern die ihn öffnen
hilft und verbindet.

5. Schlussbemerkungen

Bei einer Reise auf die Flüchtlingsinsel Lampedusa 2013 für eine Begegnung mit Flüchtlingen aus Afrika vertrat Papst Franziskus in einer Ansprache ähnliche Positionen wie die, die er in seinem Lehrschreiben veröffentlicht hat: Die Wohlstandskultur bringe den Menschen dazu, an sich selbst zu denken und gegenüber den „Schreien der Anderen" unempfindlich zu werden. Sie ließe den Menschen in „Seifenblasen" leben, die schön, aber „nichts" seien. Die eine „Illusion des Flüchtigen" seien und zu einer Gleichgültigkeit gegenüber anderen führe. Die zu einer „Globalisierung der Gleichgültigkeit" führen würde. Somit stellte sich der Papst ausdrücklich auf die Seite der „Ausgegrenzten".

Es gibt eine schlimme Ausprägung in der heutigen Zeit: Der pekuniär mittellose Mensch erkennt oftmals nicht, dass er sich in einer politisch-wirtschaftlichen Systematik befindet, die in ihm nur einen Aussätzigen betrachtet, falls dieser als Erfüllungsgehilfe ausfällt, sei es durch Krankheit, Rente oder einfach Widerstand. Er gilt nur insoweit als wertvolles Mitglied der Gemeinschaft, wenn er beliebig einsetzbar ist, willenlos und funktionstüchtig. Franziskus beschreibt dies an vielen Beispielen in seinem Lehrschreiben. Schlecht ist natürlich, dass dies viele Menschen nicht erkennen, da sie durch allerlei

Verwirrungen, durch Lohn, Vergnügungssucht und (glücklicher-
weise einen) Wohlfahrtsstaat in ihrem Bewusstsein so verändert
werden, dass sie eher gegen Sinnhaftigkeitssuche und Sinnfragen
revoltieren, als den eigentlichen Wert sehen zu wollen, den dieses
kapitalistische System ihnen zugesteht: den eines nutzbaren Idioten.

Heute ist die bei Camus´ „Mythos von Sisyphos" auffindbare Lebensperspektive deshalb in ihrem Auftreten als *inflationär* zu bezeichnen, weil die Grundvorstellung, dass man das Leben annehmen
müsse und sich in der sinnlosen Revolte gegen das Absurde, gegen
sein vielleicht unerträgliches Schicksal und all die unerforschbaren
Fragen wiederfinden müsse und darin auch sein Leben erfüllen sollte, die heute vorherrschende Haltung und vom vorherrschenden
Wirtschaftssystem indirekt auch propagiert. Diese gleichzeitig allgemein akzeptierte und die gegenwärtigen Lebensverhältnissen stär-
kende Haltung der Menschen, die damit dem Kapitalismus Vorschub leistet, ist das Problem. Sie ist eine die Wurzel des Unrechts
fördernde und eben nicht bekämpfte ideologisierte Haltung, die das
Leben systematisch so weiterführt, wie es ist und den Menschen
gerade in seiner Funktion als willigen Konsumenten belässt.

Würde man das Sein, also die Hintergründe des Gegebenen hinterfragen, so würde man sich bewusst machen, dass das Gegebene eben
keine Naturgewalt und auch kein unabwendbares Sisyphos-Ereignis

darstellt, sondern dass die Revolte, wenn man so will, sich nicht in inneren Scheingefechten ergießt, sondern weitergehen kann: In einer Revolte nicht gegen die Absurdität durch Annahme dieser Absurdität, sondern in einer Revolte gegen das nur scheinbar schicksalhaft Vorgegebene. In einem Kampf gegen die Ungerechtigkeiten der Realität, wie sie sich darstellt, selbst. Und diese wird eben vom Kapitalismus und dessen Strömungen beherrscht, ob es dem Menschen passt oder nicht. Durch einen solchen Kampf verschwindet auch das Absurde in den Realitäten.

Franziskus kritisiert den Kapitalismus in seinem Kern, ganz konkret und sehr ausführlich und benennt viele Fehlentwicklungen. Aber gerade auch dadurch in seinem Wesen, wenn er dessen ideologisierte Ethik angreift, die lediglich durch den Kapitalismus gefördert zu sein scheint, der ein Verhalten unterstützt, das Widerspruch bestraft und Zuspruch zumindest hoffen lässt. Gleichzeitig skizziert der Papst natürlich das Idealbild einer katholischen Ethik, die auf Basis der zehn Gebote und auf Grundlage der geschichtlichen Entwicklung der Gemeinde der Gläubigen geschrieben wurde und als Kennzeichen das Vertrauen *in* und die Zielgerichtetheit *auf* Gott aufweist. Ganz so schlecht scheint dies nicht zu sein, auch wenn die Kirche in ihrer Geschichte nicht immer solche Ansichten vertreten hat. Interessanterweise und für einen Papst durchaus bemerkenswert, dass

Franziskus nicht unter allen Bedingungen einen „sozialen Frieden"
will, sondern an einen solchen ganz konkrete Bedingungen stellt.

Das Problem scheint vor allem die Angst vor dem Tod: Diese wird
von der Gesellschaft von Kindes Beinen an quasi angelernt. Denn
nur, wer Angst hat vor dem Tod, kann den Wert des Lebens auch
dann schätzen, wenn es sinnlos und unethisch ist. Die Faszination
geht nicht von guter Moral und gutem Leben aus, sondern von der
Angst vor einem Tod. Die Idee von einem Leben nach dem Tod
basiert dabei auf der Idee eines unendlichen Lebens. Dieses unendli-
che Leben steht aber im Widerspruch zu der Tatsache, dass man sich
nur an das derzeitige Leben erinnern kann. Was hätte ein unendli-
ches Leben dann noch einen Sinn, wenn man sich dessen nicht bewusst wird? Es könnte nur dann einen Sinn haben, wenn das derzeitige Leben ein „Eintauchen" bedeutet, aus einem unendlichen Sein
in ein temporär begrenztes Dasein, eingegrenzt durch Geburt und
Tod. Die Frage wäre, weshalb dieses Eintauchen stattfände: Um
Erfahrungen zu machen, sich zu beweisen? Etwa, um Ethik zu erler-
nen? Und die Frage wäre, weshalb man sich dieses Eintauchens nicht
bewusst ist. Insofern hat Camus indirekt natürlich recht: Der
Mensch wird in Sklaverei zur Natur und Naturgesetzen geboren,
worin diese auch immer eingebettet sind. Die einzige Freiheit ist der
Raum des Geistes, hier gibt es zahlreiche Kämpfe um diesen Raum
zwischen den Menschen untereinander, und der Kapitalismus zieht

ebenso in die Schlacht, sich in den Köpfen der Menschen Räume zu erobern, wie andere Politik- und Wirtschaftssysteme vor ihm auch.

Verkündet die katholische Kirche und damit Papst Franziskus die Wahrheit Gottes als eines uns übergeordneten Prinzips, dem wir unterliegen? Was bedeutet diese „Wahrheit Gottes"? Woran erkennt man die Wahrheit Gottes? Was bedeutet es, die Wahrheit Gottes zu erkennen?

Camus gibt dem Menschen einen Sinn: Und dieser Sinn nun kommt dem kapitalistischen Ansatz, der sich im Laufe der Jahrhunderte entwickelt hat, zupass: Dem Menschen, offenbar sinnlos in die Welt geworfen, wird ein Sinn vermittelt, der dem Hiersein – ganz egal, wie grausam und ungerecht es dem Individuum erscheinen mag –, den ultimativen „Schwung", die absolute „Legitimation" vermittelt: Freiheit durch Annahme des sinnlosen Tuns auf Basis der Exit-Option im Selbstmord.

Gefragt sind dabei Werkzeuge, mit deren Hilfe man erkennen kann, was gegeben und nicht änderbar ist, was änderlich erscheint. Ist der Widerspruch, dass der Mensch nach einem Sinn in seinem Leben fragt, diesen Sinn aber niemals wird erkennen können, wirklich richtig? Viele Menschen sagen, dass sie die Situation „so annehmen und das Beste daraus machen" wollen. Der eigene Wert zeige sich innerhalb des eigenen, kleinen Lebens, und darüber hinaus müsse man eben machen, was man von einem erwarten würde. Dies entsprich einer Haltungsethik – nach Franziskus einer ideologisierten Ethik –, und zwar ganz nach Camus Geschmack und ganz im Sinne des vorherrschenden globalen Systems, der eben der Kapitalismus ist. Ein Jammer.

6. Lesart

Erlauben Sie mir einen Hinweis zur Art und Weise, wie der vorliegende Text zu lesen ist: Wer im Vorwort und in den Schlussbemer-
kungen Zusammenfassungen der im Text geschriebenen Inhalte
sucht und vorzufinden hofft, der sei bereits zu Beginn enttäuscht.
Instant-Leser oder Leser, die Anregungen oder Kritik durch Vor-
wort-Zitationen ausüben möchten, seien darauf hingewiesen. Demgegenüber schien aber eine rein essayistische Vorgehensweise dem
Thema weniger zuträglich, weshalb eine Zwischenform gefunden
wurde.

7. Literaturverzeichnis

Zentrale Quelle dieses Büchleins ist das päpstliche Lehrschreiben
selbst. Der Autor unterliegt nicht der teils pseudophilosophischen
Arbeitsweise, wahllos Literatur seitenweise aufzuführen, die nur
spärlich oder gar nicht für den Text verwendet wurde. Es versteht
sich von selbst, dass – im Sinne einer Klarheit hinsichtlich der Arbeitsweise – Literatur, die zum Verständnis benötigt wurde, aber
nicht explizit zitiert wird, nur sehr sorgfältig aufgeführt werden sollte.

a) Primärliteratur

Camus, Albert. Der Mythos von Sisyphos. Ein Versuch über das Absurde. Hamburg: Rowohlt Taschenbuch Verlag, 1997. Im Text bezeichnet mit: **ac**

Papst Franziskus. *Die Freude des Evangeliums. Das Apostolische Schreiben „Evangelii Gaudium" über die Verkündigung des Evangeliums in der Welt von heute.* Mit einer Einführung von Bernd Hagenkord SJ. Freiburg im Breisgau: Herder, 2013. Im Text bezeichnet mit: **eg**

b) Sekundärliteratur und weiterführende Literatur

aa) Bücher und Monographien

Boff, Leonardo. Kirche: Charisma und Macht. 25 Jahre Befreiungstheologie. Gütersloh: Gütersloher Verlagshaus, 2009

Kurz, Robert (Hrsg.). Marx lesen! Die wichtigsten Texte von Karl Marx für das 21. Jahrhundert. Hrsg. und kommentiert von Robert Kurz. Frankfurt am Main: Eichborn Verlag, 2006

Parker, Greg. Shame on you! Die Wahrheit über Macht und Korruption in westlichen Demokratien. München: Deutsche Verlags-Anstalt, 2003

Ranke-Heinemann, Uta. Nein und Amen. Mein Abschied vom traditionellen Christentum. München: Wilhelm Heyne Verlag, 2002, S. 318ff

Sändig, Brigitte. Albert Camus. Rowohlts Monographien. Reinbek: Rowohlt Taschenbuch Verlag, 2. Auflage, 1997

Rauscher, Anton. Handbuch der Katholischen Soziallehre. Im Auftrag der Görres-Gesellschaft zur Pflege der Wissenschaft und der Katholischen Sozialwissenschaftlichen Zentralstelle. Berlin: Duncker & Humblot, 2008.

Sutor, Bernhard. Katholische Soziallehre als politische Ethik. Leistungen und Defizite. Paderborn: Ferdinand Schöningh, 2013.

bb) Internetrecherche

Natürlich kann es im Internet jederzeit zu Verschiebungen von Quellen auf Domains usw. kommen mit der Folge, dass die hier aufgeführten Quellen unter der angegebenen Adresse nicht mehr auffindbar sind. Allerdings stünde einer Verwendung solcher Internetquellen ein Ausschluss moderner Medien gegenüber, was der Integration des Internet bei der Recherche für wertvolle Arbeiten abträglich wäre. Wichtig hierbei ist daher die Nennung der Quelle der Internetadresse, über die ggf. die Quellen erfragbar sind.

Arte-Journal, Interview mit Christian Mihr, Geschäftsführer von „Reporter ohne Grenzen Deutschland", lesbar unter: http://www.arte.tv/de/abnehmende-medienvielfalt-und-steigender-einfluss-von-pr-inhalten/7488800,CmC=7489550.html

Clapham, Ronald. „Entwicklungsländer und Soziale Marktwirtschaft", im „Lexikon der Sozialen Marktwirtschaft", hg. von Hasse/Schneider/Weigelt, lesbar bei der Konrad-Adenauer-Stiftung unter: http://www.kas.de/wf/de/71.11450

Hörner, Richard. „Bildung als vermeintlicher Glücksbringer". Der Freitag online, 07.06.2013, lesbar unter: http://www.freitag.de/autoren/richardhoerner/bildung-als-vermeintlicher-gluecksbringer

Jungbluth, Rüdiger. „Der Papst und die Wirtschaft". ZeitOnline, 20.12.2013 (aus DIE ZEIT Nr. 52/2013), unter: http://www.zeit.de/2013/52/papst-franziskus-kapitalismus-kritik/komplettansicht

Köcher, Renate. „Die Deutschen mögen den Papst". Frankfurter Allgemeine Zeitung Online, 19.12.2013, unter: http://www.faz.net/aktuell/politik/inland/allensbach-analyse-die-deutschen-moegen-den-papst-12717379.html

Moses, Carl. „Staatsbankrott. Das Beispiel Argentinien", in der FAZ Online, 24.03.2010, unter:
http://www.faz.net/aktuell/wirtschaft/staatsbankrott-das-beispiel-argentinien-1955217.html

Schäfer, Christoph. „Was der Papst verschweigt". Frankfurter Allgemeine Zeitung Online, 29.11.2013, unter:
http://www.faz.net/aktuell/wirtschaft/franziskus-und-die-globalisierung-was-der-papst-verschweigt-12687456.html

Schütze, Richard. „Heiliger Karl". The European Magazine, 16.12.2013, unter: http://www.theeuropean.de/richard-schuetze/7750-kapitalismuskritik-von-papst-franziskus--4

cc) Sonstiges

Abschlussdokument „Aparecida" bei der Deutschen Bischofskonferenz: http://www.dbk-shop.de/de/Deutsche-Bischofskonferenz/Stimmen-der-Weltkirche/Aparecida-2007-.html

Beitrag „Kirche in Lateinamerika" bei der Bischöflichen Aktion Adveniat online, unter (auch Zitat):
http://www.adveniat.de/lateinamerika/kircheinlateinamerika.html

Bundesministeriums für Arbeit und Soziales , „Lebenslagen in Deutschland: Der Vierte Armuts- und Reichtumsbericht der Bundesregierung", les- und herunterladbar unter: http://www.bmas.de/DE/Service/Publikationen/a334-4-armuts-reichtumsbericht-2013.html

Credit Suisse Global Wealth Databook 2013, unter http://de.statista.com/infografik/1824/reichtumsverteilung-weltweit

Duden-Online, unter „Turbokapitalismus", lesbar hier: http://www.duden.de/suchen/dudenonline/Profitmaximierung

Forbes online, unter: http://www.forbes.com/billionaires

Herder Lexikon. Griechische und römische Mythologie. Freiburg im Breisgau: Verlag Herder, 1990

Heritage Foundation, Auflistung der Länder, in denen ein „Grad wirtschaftlicher Freiheit" im Sinne des Kapitalismus vorherrscht, wird durch den „Index of Economic Freedom" präsentiert, vgl. unter: http://www.heritage.org/index/heatmap

Institut der deutschen Wirtschaft Köln e.V., Artikel „708.000.000.000.000 Dollar", online lesbar unter:

http://www.iwkoeln.de/de/infodienste/iwd/archiv/beitrag/finanzmar
kt-708-000-000-000-000-dollar-82650

Radio Vatikan, unter Punkt „Meldungen vom 5.12.2009":
http://www.radiovaticana.va/tedesco/tedarchi/2009/Dezember09/ted
05.12.09.htm

Radio Vatikan, „Kurzbiographie des neuen Papstes: Papst Franziskus", unter:
http://de.radiovaticana.va/storico/2013/03/13/kurzbiographie_des_n
euen_papstes:_papst_franziskus/ted-673086

Radio Vatikan, Beitrag „Papstschreiben Evangelii Gaudium: Eine
Zusammenfassung", unter:
http://de.radiovaticana.va/news/2013/11/26/papstschreiben_evangeli
i_gaudium:_eine_zusammenfassung/ted-750010

Radio Vatikan, Beitrag „Präsident Obama: Ein Papst, der Politikern
die Augen öffnet" v. 27.03.2014, unter:
http://de.radiovaticana.va/news/2014/03/28/pr%C3%A4sident_oba
ma:_ein_papst,_der_politikern_die_augen_%C3%B6ffnet/ted-
785543

Reaktion des Papstes Franziskus Reaktionen, bspw. v. April 2014 bei einem Gespräch mit Jugendlichen laut Radio Vatikan, vgl. unter: http://www.kath.net/news/45513

Spiegel-Online-Beitrag „Weltkonjunktur: Lagarde beklagt ungerechte Verteilung des Reichtums", unter: http://www.spiegel.de/wirtschaft/soziales/weltkonjunktur-lagarde-beklagt-ungerechte-verteilung-des-reichtums-a-943787.html

Welt Online, Beitrag „Globalisierungsreport: Globalisierung vergrößert den Vorsprung reicher Länder", unter: http://www.wiwo.de/politik/konjunktur/globalisierungsreport-globalisierung-vergroessert-den-vorsprung-reicher-laender/9660160.html

Wikipedia-Lexikon:
> http://de.wikipedia.org/wiki/Christentum
> http://de.wikipedia.org/wiki/Franziskus_(Papst)
> http://www.adveniat.de/lateinamerika/kircheinlateinamerika.html
> http://de.wikipedia.org/wiki/Kirchensteuer_(sonstige_Staaten)
> http://de.wikipedia.org/wiki/Liste_sozialistischer_Staaten
> http://de.wikipedia.org/wiki/Verm%C3%B6gensverteilung

Zeit Online „Zeit-Akademie: Warum gibt es Lohnunterschiede?",
unter: http://www.zeit.de/video/2011-
11/1265518048001/oekonomie-zeit-akademie-warum-gibt-es-
lohnunterschiede